Guide pratique
de l'intelligence économique

Éditions d'Organisation
Groupe Eyrolles
61, bd Saint-Germain
75240 Paris Cedex 05

www.editions-organisation.com
www.editions-eyrolles.com

© Groupe Eyrolles, 2010
ISBN : 978-2-212-54416-9

Christian Coutenceau
François Barbara, William Everett,
Alain Gilliéron, Xavier Jacquin, Muriel Poullain,
Claude Valle, Edmond de Vigouroux d'Arvieu

Guide pratique de l'intelligence économique

EYROLLES

Éditions d'Organisation

Sommaire

1
Piloter par l'intelligence économique

2
Veiller et protéger

3
Agir avec la méthode MADIE®

Annexes

Remerciements

Nous remercions le groupe BPI pour son aide, son enthousiasme et sa disponibilité lors du test de la méthode MADIE® «*in vivo*» et tout particulièrement :

- Thierry Lemasle, directeur général adjoint ;
- Marie-Laure Benilan ;
- Céline Docq ;
- Marie-Pierre Fouquin.

Leur implication précieuse nous a permis de rendre nos concepts plus opérationnels et applicables.

L'information appartient à celui qui sait l'exploiter

Aujourd'hui, les entreprises se doivent de développer en permanence leurs capacités à s'adapter à leur environnement et à affronter la mondialisation. Les enjeux sont d'importance : il s'agit, au-delà de la survie même de l'entreprise, d'irriguer la croissance du pays, de construire les emplois qualifiés de demain en mettant nos entreprises en posture d'innovation permanente. Cela se traduit par l'impérieuse nécessité de détecter les signaux faibles des marchés, et de les faire circuler entre la recherche, l'industrie et les services pour produire l'innovation la plus adaptée.

Aussi, nous devons mettre nos organisations en posture permanente de recherche et d'exploitation d'informations décisives en vue d'innover «un peu tous les jours». C'est, en effet, la somme des petites innovations quotidiennes qui crée à terme de grands avantages concurrentiels.

L'innovation passe également par le décloisonnement des spécialités pour une meilleure circulation des connaissances. L'entreprise doit donc s'ouvrir pour nourrir sa stratégie et développer une culture forte de son patrimoine immatériel. Comme le disait R.W. Emerson, «nos meilleures idées viennent des autres».

Une information, ou plus exactement des flux d'informations ne sont maîtrisés que s'ils s'appuient sur des processus pilotés (veille, protection, recherche, analyse, décision, etc.). En d'autres termes, l'entreprise ne sait regarder au bon endroit qu'avec des capteurs (internes et externes) appropriés et une remontée d'information synthétique, organisée et recoupée.

Enfin, un dirigeant ne pourra tirer profit des informations qu'il détient ou qu'il acquiert que s'il a su intégrer leur traitement dans son système décisionnel (planification stratégique et lien avec le pilotage des opérations).

L'information maîtrisée aura de la valeur si :

- elle est traitée dans un contexte donné et défini par le dirigeant par rapport à ses marchés ;
- elle aboutit à une décision opérationnelle qui contribue au développement de l'entreprise.

L'information appartient donc à celui qui sait l'exploiter, et c'est pourquoi un groupe d'une dizaine de dirigeants et cadres dirigeants du groupe « Technologies avancées et innovation » de l'association HEC a décidé de concevoir une *méthode d'aide à la décision par l'intelligence économique* (MADIE®) pour les PME.

Cette méthode permet aux dirigeants d'adapter en permanence leur stratégie par une capture et une exploitation des informations décisives, de rendre leur organisation plus agile et opportuniste. Elle a été testée et s'adresse aux entreprises souhaitant relier l'intelligence économique au pilotage stratégique et opérationnel pour :

- une meilleure capacité d'anticipation ;
- une vision objective de leur environnement.

Les objectifs principaux de cette méthode, qui s'adresse à tout dirigeant conscient qu'il est possible d'agir sur le cours des choses, sont de :

- « comprendre, analyser, anticiper et entreprendre les actions adéquates sur un marché mondial soumis à la fois à une concurrence impitoyable et à des mutations très rapides » (A. Juillet) ;
- apporter une aide au pilotage de l'action.

La méthode MADIE® est rapide à mettre en œuvre, peu coûteuse, adaptable à toute taille de société et ne doit pas paralyser l'action par une analyse trop lourde, pour vous donner les moyens d'agir vite et bien.

Au travers de la démarche proposée, l'entreprise pourra se mettre dans une posture permanente de guet pour extraire l'essentiel de la masse d'informations disponibles et anticiper plutôt que de subir les évolutions de son environnement.

Il s'agit enfin de développer un mode de management participatif au sein des entreprises pour une implication forte des salariés dans :

- la collecte et le traitement de l'information ;
- la protection de l'information ;
- une culture forte du capital immatériel (savoir, savoir-faire, apport en intelligence).

Les résultats attendus pour les dirigeants – et donc leur entreprise – sont les suivants :

- limiter les risques dans la prise de décision ;
- anticiper les tendances, les ruptures et les attentes des clients et des marchés pour orienter plus finement sa R&D et le développement des offres ;
- se positionner très en amont des opportunités d'affaires et accroître ses parts de marchés ;
- protéger ses savoir-faire, ressources clés, marchés clés ;
- intégrer des connaissances pour développer sa capacité à innover.

Cet ouvrage a été construit comme un mode d'emploi pour vous aider à mettre en œuvre l'intelligence économique dans vos organisations, et ce quels que soient la taille et le secteur des entreprises concernées, qu'elles agissent régionalement ou plus largement.

Christian Coutenceau
Président du groupe « Technologies avancées »,
association des diplômés HEC
Membre permanent de l'Académie d'intelligence économique

Comment bien utiliser cet ouvrage

Cet ouvrage a été conçu pour être utilisable par les opérationnels. Chaque lecteur l'abordera en fonction de son niveau de connaissance de l'intelligence économique, de ses centres d'intérêts immédiats ou de ses besoins de mise en œuvre.

Les chapitres peuvent être abordés de façon indépendante.

Ils sont composés de fiches débutant par l'objectif visé et, si nécessaire, un lexique définissant les termes clés.

Les concepts et notions abordés sont illustrés par des cas réels.

Préface

Alors que la crise financière commence à s'estomper, l'entrée dans un monde devenant multipolaire annonce la montée d'une concurrence exacerbée et la remise en cause d'un système d'échanges conçu par les Occidentaux à leur profit. Chacun prend conscience que nos schémas de gouvernance, nos concepts stratégiques et nos modes d'action vont devoir être révisés pour répondre plus efficacement aux attaques venues des pays émergents. Face à cette situation, dans laquelle chacun va capitaliser sur ses points forts, il est clair que notre vieille Europe va devoir s'appuyer sur ses savoir-faire, son potentiel de recherche et sa capacité d'innovation. Mais cela ne suffira pas car, dans un monde hypermédiatisé où les technologies de l'information et de la communication accélèrent quotidiennement les échanges, il faut détecter les menaces et les opportunités avant les autres pour avoir une chance de succès en étant le premier à réagir. Cela suppose l'acquisition et la maîtrise des techniques de veille, d'acquisition, de traitement et de diffusion des informations utiles, tout en assurant la protection de celles que l'on détient. Tous les grands pays, tous les grands groupes multinationaux le savent et le pratiquent depuis vingt-cinq ans, mais le problème reste entier pour les PME/PMI qui n'auront pas d'autre choix pour assurer la pérennité de leurs entreprises et sauvegarder l'emploi de demain.

La première fois que les auteurs sont venus me voir en m'expliquant qu'ils voulaient concevoir et diffuser une méthode simple d'utilisation de l'intelligence économique j'ai trouvé l'idée intéressante, mais difficile à réaliser. Il est vrai que dans ce domaine nouveau, les publications se succèdent car nombreux sont ceux qui pensent avoir quelque chose à dire. Des chercheurs qui veulent publier le fruit de leur recherche sur les paradigmes de cette nouvelle théorie aux professeurs qui veulent délivrer un enseignement, des experts qui veulent se positionner par rapport à leur clientèle potentielle aux ingénieurs qui ramènent l'intelligence économique à une pratique scientifique des technologies de l'information et de la communication, il est difficile d'exister et de convaincre. Rares sont les ouvrages qui deviennent d'usage courant, qui survivent dans la durée avec d'autres lecteurs que les étudiants et les professionnels.

J'avais en face de moi des dirigeants d'entreprise issus d'une école prestigieuse, et qui semblaient particulièrement motivés pour transmettre à d'autres dirigeants le fruit de leur expérience et de leurs réflexions conjointes. Dubitatif sur leur capacité à maintenir la cohésion de leur équipe dans la durée face à la complexité du problème, je leur ai demandé de revenir quand ils auraient une première ébauche de leur projet. Ce rendez-vous fut suivi de beaucoup d'autres, qui m'ont permis de vivre la mise au point progressive de la méthode Madie, puis ses tests en vraie grandeur. À travers nos échanges j'ai pu constater qu'elle était le fruit d'un questionnement permanent et enrichi par les apports de tous. Ses concepteurs ont couru la France pour la présenter aux chefs d'entreprise dans les chambres de commerce et d'industrie, les écoles de management, les forums et colloques, les associations. Avec l'ouverture d'esprit et l'enthousiasme de ceux qui réussissent à convaincre parce qu'ils ne savent pas que c'est impossible, ils ont exploré des voies nouvelles, comparé des approches, croisé de multiples travaux pour construire son ossature, la densifier et la rendre opérationnelle.

La caractéristique de la méthode tient à ce qu'elle a été conçue par des dirigeants pour des dirigeants, avec la volonté constante de simplifier et de rationaliser l'outil. Nous savons tous que la clarté est l'apanage des plus grands, c'est-à-dire de ceux qui, ayant tout compris et synthétisé, sont seuls capables d'extraire l'essentiel et de le restituer de manière accessible à tous.

La pratique de l'intelligence économique n'est pas réservée aux grandes entreprises. Les PME/PMI ont besoin de comprendre ce que peut leur apporter ce nouveau concept dans la création d'un avantage concurrentiel défendable et durable, face à une concurrence chaque jour plus agressive et mondialisée. Il est donc temps d'en démystifier l'usage en donnant les clés d'une pratique économique immédiatement utilisable par les entreprises de toutes tailles.

Au-delà de l'originalité de la méthode, cet ouvrage est constitué de fiches dégageant les aspects essentiels des différentes facettes de l'intelligence économique. Il met l'accent sur les points clés et les connaissances requises. Il traduit en langage courant les mots techniques et explicite les concepts utiles. Il apporte à chaque étape et à chaque niveau des réponses claires issues des débats d'idées et de l'expérience personnelle de chacun des auteurs. C'est pourquoi je suis convaincu qu'il est appelé à devenir le manuel pratique que l'on garde à portée de main dans la bibliothèque de son bureau quand on est un dirigeant d'entreprise ou un étudiant appelé à pratiquer l'intelligence économique dans le cadre de son activité professionnelle.

Alain Juillet
Ancien haut responsable chargé de l'intelligence économique
10 octobre 2009

Les auteurs

Christian Coutenceau

Christian Coutenceau est président du groupe «Technologies avancées» de l'association des diplômés HEC, fondateur et animateur du groupe de réflexion qui a conçu la méthode MADIE® et membre permanent de l'Académie d'intelligence économique.

Il a occupé des fonctions de DSI, directeur de l'organisation et directeur supply chain dans l'industrie du luxe (groupes Cartier et LVMH), créé et développé une entreprise de communication événementielle B2B (La Rivière) puis rejoint une société de conseil en stratégie/organisation en tant que consultant manager (Fi Système). Il dirige maintenant le pôle Consulting du groupe Ricoh en France.

EMBA (HEC).

François Barbara

François Barbara a dirigé Spot Machine et e-NRJ (NRJ Group) avant de créer Salines, agence de marketing opérationnel. Il a ensuite cédé son entreprise au groupe de communication Le Public Système. Il dirige maintenant Pavillon Production et est également responsable du développement international de ce groupe.

EMBA (HEC) et cycle de Relations internationales approfondies au CEDS, membre du groupe «Technologies avancées» de l'association des diplômés HEC.

William Everett

William Everett a œuvré dans le commerce international de produits à haute teneur technologique avant de reprendre trois entreprises.

Il est maintenant président d'une jeune entreprise innovante, Dewdrops, qu'il a créée en 2007. Dewdrops applique des biotechnologies au traitement de certains déchets nucléaires. Il est lauréat du Réseau Entreprendre/Innotech et du concours national de l'innovation Oséo.

EMBA (HEC), membre du groupe «Technologies avancées» de l'association des diplômés HEC.

Alain Gilliéron

Alain Gilliéron, ingénieur de l'École spéciale des travaux publics, a travaillé dans des groupes du BTP (SETEC, ETPM) et dans des fonctions d'organisation (SMABTP), avant de prendre la responsabilité d'une PME familiale dans la distribution de produits dérivés (SPS Tour Eiffel).

Partant de l'idée qu'il fallait rapprocher le Système de management de la Qualité et des démarches d'excellence opérationnelle, il a été consultant indépendant puis commercial chez un leader du business process management (IDS Scheer). Il est actuellement en charge du développement du programme d'excellence opérationnelle (Lean + Six Sigma) chez Mondial Assistance France (Groupe Allianz).

EMBA (HEC).

Xavier Jacquin

Xavier Jacquin exerce depuis de nombreuses années des fonctions de direction du développement dans le secteur de la communication (grande distribution, médias). Il est actuellement directeur de département commercial chez Mediatransports, filiale média du groupe Publicis, cofondateur d'une société de services de veille externalisés en mode SaaS (solution as a service)-CPA.

Membre du groupe «Technologies avancées» de l'association des diplômés HEC.

Muriel Poullain

Avant de prendre la présidence du directoire du groupe GSEF (BTP), Muriel Poullain a été directeur des accords commerciaux chez Havas Tourisme/American Express, vice-président et directeur des achats et marketing de Executip, associée de Capital intelligence.

Membre du conseil d'administration du Crédit Mutuel Paris XVI, du Comité d'honneur de la Fondation pour l'Enfance et des groupes «Technologies Avancées» et «Développement International» de l'association des diplômés HEC.

EMBA (HEC), DESS Économie du tourisme.

Claude Valle

Après sa sortie de l'École navale, Claude Valle a servi quinze ans comme pilote dans l'Aéronavale. Il a ensuite occupé des fonctions de direction du développement international dans l'industrie électronique et aéronautique (TRT, Thomson-CSF/Thales). Il est maintenant délégué général du groupe Safran au Moyen-Orient.

Il est membre du Comité exécutif du French business council (Chambre de commerce franco-dubaïote), du cercle Aramis, du Groupe « Technologies avancées » de l'association des diplômés HEC.

Il est capitaine de corvette de réserve et chevalier de l'Ordre National du Mérite.

EMBA HEC, MBA à l'ISG.

Edmond de Vigouroux d'Arvieu

Officier supérieur de marine, Edmond de Vigouroux d'Arvieu a mené plusieurs interventions navales en zone de crise et accompli de nombreuses missions internationales de coopération et d'assistance humanitaire au cours de trois commandements successifs de bâtiments de projection de forces.

Son expérience de contrôle de gestion opérationnel, de DSI et de management des risques lui confère une grande maîtrise des problématiques de sécurité et de sûreté des installations, des systèmes et des personnes.

École navale-École de guerre (CID), Diplôme d'études comptables et financières (DECF), EMBA (HEC), membre du groupe « Technologies avancées » de l'association des diplômés HEC.

1

Piloter par l'intelligence économique

Qu'est-ce que l'intelligence économique ?

→ Connaître la définition de l'intelligence économique et comprendre les enjeux qui se cachent derrière ce vocable.

Intelligence économique :
mode de gouvernance dont l'objet est la maîtrise de l'information stratégique et qui a pour finalité la compétitivité et la sécurité de l'économie et des entreprises (Alain Juillet).

Un peu d'histoire

La notion de *business intelligence*, ou intelligence économique, date de 1967, quand Harold Wilensky en a donné une première définition : «Activité de production de connaissance servant les buts économiques et stratégiques d'une organisation, recueillie et produite dans un contexte légal et à partir de sources ouvertes.»

Le rôle de l'État

Les grandes dates de l'intelligence économique en France sont :
- 1994 : rapport du commissariat au Plan sur l'intelligence économique et la stratégie des entreprises, dit «rapport Henri Martre»[1]. Ce rapport définit l'intelligence économique comme étant «l'ensemble des actions coordonnées de recherche, de

---

1. Henri Martre était alors président de l'Aérospatiale.

traitement, et de distribution, en vue de son exploitation, de l'information utile aux acteurs économiques»;

- 1995 : suite au rapport Martre, création d'un comité pour la compétitivité et la sécurité économique;
- juin 2003 : rapport de la mission parlementaire conduite par Bernard Carayon;
- décembre 2003 : Alain Juillet est nommé haut responsable à l'intelligence économique par Jacques Chirac, président de la République;
- juin 2008 : le *Livre blanc de la défense et la sécurité nationale* propose la création de la Direction centrale des renseignements intérieurs (DCRI, fusion de la DST et des Renseignements généraux) qui a, entre autres missions, la protection du patrimoine matériel et immatériel du secteur économique français (entreprises, laboratoires, centres d'études et de recherche), les actions de contre-ingérence et le maintien d'un environnement de sécurité pour les entreprises;
- 2009 : lancement opérationnel de la DCRI et mise en place des DDRI (Directions départementales des renseignements intérieurs);
- 17 septembre 2009 : parution du décret d'institution d'un délégué interministériel à l'intelligence Économique placé auprès du secrétaire général du ministère chargé de l'Économie. Il a pour mission d'élaborer et de proposer la politique publique d'intelligence économique, d'en assurer la mise en œuvre et d'en évaluer l'efficacité. Il est rattaché à un comité directeur de l'intelligence économique, placé auprès de la présidence de la République.

Le marché de l'intelligence économique

Par marché de l'intelligence économique, il faut entendre la maîtrise des informations stratégiques.

Comme c'est le cas pour tout marché émergent (estimé à plus de 2 milliards d'euros pour la France), de plus en plus d'acteurs s'en réclament et développent des offres de services liées.

Nous pouvons classer ces services en trois catégories : les historiques que sont la veille et la recherche de renseignements, la protection des informations, auxquelles nous pouvons ajouter le conseil en stratégie, la certification et la formation.

Concernant la veille, nous trouvons les éditeurs de solutions logicielles d'exploration d'Internet et de bases documentaires, et les cabinets spécialisés dans la recherche de renseignements. Nous vous recommandons de solliciter ces derniers uniquement pour rechercher un renseignement ciblé et précis, pour valider une hypothèse, confirmer une stratégie d'attaque ou de défense. Ils peuvent aussi, éventuellement, aider le chef d'entreprise à analyser les informations collectées et éviter le risque d'une mauvaise interprétation. Dans le cas du recours à un cabinet spécialisé, il s'agit de bien appréhender les budgets à allouer en regard des résultats attendus.

Pour ce qui est de la gestion des risques, le marché s'étend de la protection des personnes et des locaux jusqu'aux systèmes d'information et aux documents.

Les nouveaux entrants sont les sociétés de conseil qui ont développé des offres autour du conseil en stratégie et organisation, centrées sur la maîtrise des informations stratégiques et la certification en protection des processus et des données. Il est remarquable de noter que l'Ordre des experts-comptables cherche à prendre place sur ce marché. Nous ne pouvons que nous en réjouir compte tenu du nombre d'entreprises avec qui cette profession est en contact.

> Il est nécessaire de prendre le temps de se forger une vision claire de ses objectifs avant de décider de faire appel à tel ou tel prestataire..

Les moyens institutionnels

L'analyse des informations suppose de combiner des compétences techniques, économiques, commerciales, financières. De même, la protection de données ou de sites sensibles fait appel à des spécialités multiples. C'est pourquoi la mise en place d'une organisation particulière, notamment au sein de l'entreprise, est nécessaire, de même que le recours à toutes les ressources utiles, en particulier celles que l'administration met à disposition des acteurs économiques.

Des moyens institutionnels vous sont proposés :

- cellules d'intelligence économique auprès des préfectures ;
- Directions départementales des renseignements intérieurs ;
- Chambres de commerce et de l'industrie ;
- syndicats professionnels, qui pour la plupart ont pris conscience de l'importance du bon usage de l'IE pour les PME/PMI ;

- le Centre français du commerce extérieur (CFCE) s'est associé à l'Agence française pour le développement international des entreprises (Ubifrance) pour aider les entreprises françaises, et en particulier les PME/PMI, à conquérir et développer leurs marchés à l'export. Pour faciliter cette démarche, il a mis en place un réseau régional de Directions régionales du commerce extérieur (DRCE)[1].

- la Gendarmerie nationale est également très impliquée dans la protection du capital immatériel des entreprises.

---

1. Leurs coordonnées sont disponibles sur le site des missions économiques, www.missioneco.org.

Pour une organisation apprenante

→ Développer chez l'ensemble des collaborateurs la posture de guet pour alimenter l'innovation au service de la pérennité de l'entreprise.

Les principes d'une organisation apprenante

Pour diffuser une culture de l'intelligence économique, l'implication du dirigeant doit être totale. Elle ne doit pas se traduire par des intentions, mais par une réelle pratique de l'intelligence économique. Les collaborateurs doivent sentir que le développement de leurs

> «Raconte-moi, et j'oublierai. Montre-moi, et je me souviendrai. Laisse-moi faire, et je comprendrai.»
> (Confucius)

compétences de guet et d'innovation aide le dirigeant à prendre des décisions. De même, ils doivent sentir que leur contribution est reconnue par celui-ci.

Tout l'art du dirigeant sera d'initier les différentes composantes de l'intelligence économique que sont la veille, le renseignement, l'action et la protection (approche VRAP), en choisissant les hommes clés qui mettront en œuvre ces différentes composantes avec des équipes transverses.

L'objectif est de créer à l'intérieur de l'entreprise des réseaux de communication, animés par ces hommes clés, qui deviendront les promoteurs de la démarche.

Premier enjeu : faire circuler rapidement l'information stratégique

Pour favoriser la circulation de l'information et promouvoir l'innovation, il existe de nombreuses pistes.

- Dans la mise en place des quatre fonctions nécessaires au développement d'une intelligence économique efficace (VRAP), faire en sorte qu'il y ait dans chacun des projets des acteurs développant ces fonctions. Cela favorisera la création d'une culture commune et développera des liens de confiance qui favoriseront les échanges ultérieurs – formels ou informels.

- Développer la culture marché (clients/produits) à tous les niveaux et toutes les fonctions de l'entreprise pour développer la connaissance des informations clés.
- Donner de la visibilité sur la stratégie et les enjeux pour développer la culture d'appartenance qui induira des réflexes de protection et d'alerte.
- Organiser, favoriser et encourager l'innovation.

Deuxième enjeu :
entretenir et améliorer sans cesse les pratiques

- Les quatre fonctions de l'intelligence économique que sont la veille, le renseignement, l'action et la protection doivent être utilisées, animées et être entretenues.
- Les collaborateurs doivent sentir le besoin, y contribuer et participer à l'amélioration de leur propre savoir-faire.
- C'est le rôle des hommes-clés de développer, avec leurs contributeurs, cette culture de l'amélioration continue, qui repose sur du bon sens et la volonté d'appliquer quelques principes simples de base.
- Faire un bilan rigoureux après l'action avec l'ensemble des parties prenantes (le débriefing), et en tirer les enseignements en toute objectivité de façon à faire évoluer les pratiques et savoir-faire est de l'ordre du bon sens.
- D'un point de vue méthodologique, il s'agit d'appliquer un des principes de base de la qualité établi par l'américain Deming, à savoir la «roue de Deming» ou PDCA («*Plan, Do, Check, Act*»).

> Lors du test de la méthodologie MADIE® (l'action) au sein de la société BPI, la personne en charge de la veille était présente parmi les membres de l'espace cryptique. Sa participation à l'analyse des parties prenantes lui a permis très rapidement d'améliorer le système de veille en ciblant mieux l'information nécessaire.

Démarche globale d'un pilotage par l'intelligence économique

➡ Comprendre et intégrer la démarche et les objectifs d'un pilotage par l'intelligence économique.

Centre de gravité : le centre de gravité définit ce qui fait la force de l'entreprise. Ce peut être une logistique performante, un directeur de production excellent mais proche de la retraite, un réseau de distribution, un homme clé dans l'organisation, le fournisseur d'un composant...

État final recherché : l'état final recherché (EFR) décrit en termes opérationnels et mesurables la position stratégique visée par l'entreprise, qui découle de la directive initiale du dirigeant.

Pilotage : par pilotage, nous entendons ici d'une part le stratégique, qui permet de suivre au travers d'indicateurs si la mission et le positionnement de l'entreprise sur ses marchés sont en adéquation avec la stratégie, et d'autre part l'opérationnel, qui est une déclinaison de la stratégie au niveau tactique et en tant que promesse client.

Protection : protéger le centre de gravité, les informations stratégiques et les ressources clés de l'entreprise par une identification des vulnérabilités.

Veille : recherche permanente d'informations en vue d'identifier les signaux faibles d'opportunité ou de menace pouvant interagir avec la stratégie de l'entreprise.

La démarche globale d'un pilotage par l'intelligence économique s'articule autour de ces trois axes :
- la veille (cf. fiche 5) ;
- la protection (cf. fiches 7 et 8) ;
- la décision d'agir et le pilotage de l'action (cf. fiches 17 à 22).

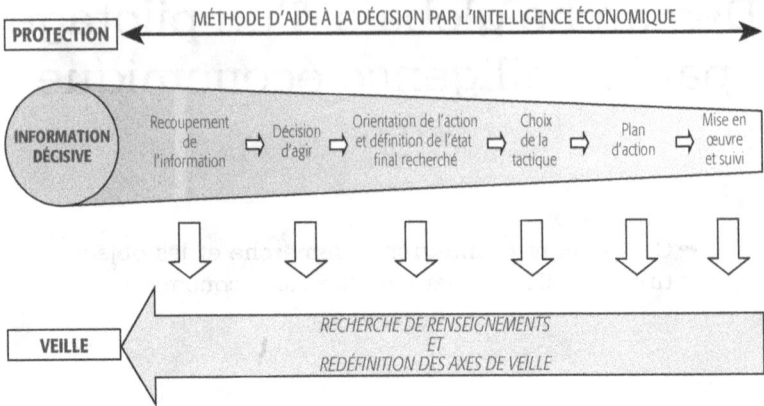

Figure 1 – Démarche globale d'un pilotage par l'IE

Il s'agit de construire un plan de veille pour identifier les signaux faibles porteurs d'opportunité ou de menace en regard de sa stratégie afin d'agir en exploitant les informations recueillies et conforter ses positions sans oublier de protéger ce qui est important.

La recherche de renseignements vient confirmer l'état final recherché, vérifier les orientations prises et le choix de la tactique.

Les objectifs d'un pilotage par l'intelligence économique sont :

- une meilleure capacité d'anticipation ;
- une vision objective de son environnement.

2

Veiller et protéger

Connaître le centre de gravité de son entreprise

→ Identifier précisément d'où l'entreprise tient sa force afin de définir un plan de veille et une politique de protection idoines.

Centre de gravité : le centre de gravité définit ce qui fait la force de l'entreprise. Ce peut être une logistique performante, un réseau de distribution, un homme clé dans l'organisation, le fournisseur d'un composant…

État final recherché : l'état final recherché (EFR) décrit en termes opérationnels et mesurables la position stratégique visée par l'entreprise, qui découle de la directive initiale du dirigeant.

Vulnérabilité critique : faille potentielle par laquelle les concurrents peuvent toucher le centre de gravité de l'entreprise.

Identifier le centre de gravité de l'entreprise

Le centre de gravité définit ce qui fait la force de l'entreprise. L'identifier permet de connaître ses solidités, de définir dans quelles directions veiller, mais également de savoir ce qu'il est essentiel de protéger.

L'expérience montre qu'il est plus facile de rechercher, dans un premier temps, le centre de gravité des autres acteurs de son marché puis ensuite le sien.

Pour découvrir le centre de gravité de votre entreprise, vous pouvez orienter votre réflexion autour des axes clés suivants et vous poser ces questions :

– d'où tire-t-on notre force? (hommes, brevets, processus de fabrication, sourcing…)?
– est-ce que tout dépend de ce centre de gravité?
– est-il accessible pour vos concurrents?

HOMMES CLÉS

SAVOIR-FAIRE : niveau de compétences × expérience → légitimité sur le marché
SAVOIR ÊTRE : comportement face aux événements → loyauté, intégrité, confidentialité

PROCESSUS OPÉRATIONNELS CLÉS

Niveau de performances
Certification
Pertinence face au marché
Voir les grandes fonctions
liées à l'activité principale
de l'entreprise
Réglementation

SAVOIR-FAIRE MÉTIERS

Technologies, R&D : brevets
Force d'innovation

Le centre de gravité est quelque part dans un de ces domaines

FOURNISSEURS CLÉS

GOODWILL

Réputation,
Marques clés, notoriété

PORTEFEUILLE DE PRODUITS/SERVICES

Produits / services « flagship »

ACTIONNARIAT

Solidité
Réserve de puissance

MARCHÉS CLÉS

PARTENAIRES CLÉS

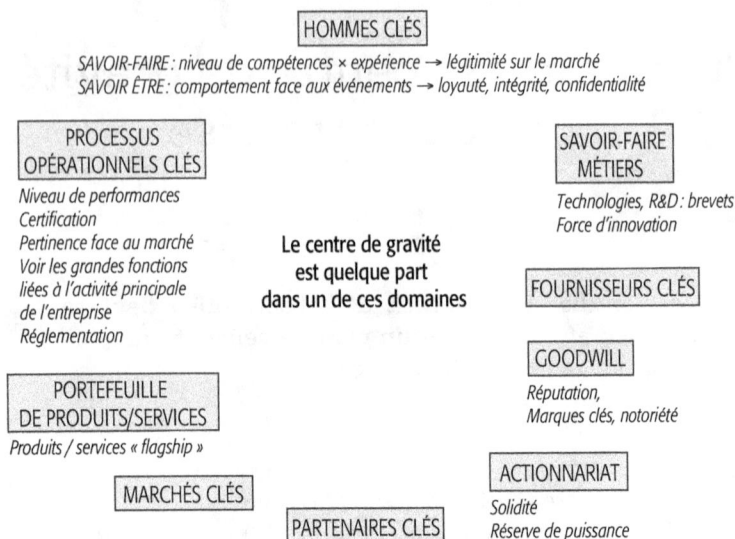

Figure 2 – Recherche du centre de gravité

Deux exemples de centres de gravité

Un acteur majeur sur le marché des dictionnaires de médicaments

Pour vous aider à identifier un centre de gravité, nous allons prendre pour exemple un acteur majeur sur le marché des dictionnaires des médicaments. Nous allons dans un premier lieu décrire le business model de cette entreprise, puis son environnement concurrentiel.

Les revenus de l'entreprise proviennent :

- des laboratoires pharmaceutiques qui paient chaque année pour figurer dans le dictionnaire ;
- des médecins qui achètent ce dictionnaire.

À savoir que : le chiffre d'affaires provient pour l'essentiel des premiers.

Au début des années 2000, le paysage a changé avec l'arrivée :

- d'une nouvelle génération de médecins familiarisés à l'informatique de bureau ;
- d'éditeurs de logiciels de gestion du dossier patient et d'aide à la prescription ;

– de la carte Vitale, massivement déployée sur le territoire français, et de l'incitation des médecins à s'équiper d'un ordinateur.

L'ensemble de ces éléments a imposé l'ordinateur sur le bureau des médecins, les éditeurs de logiciels ont peu à peu renforcé leurs offres pour fournir des outils d'aide à la décision de plus en plus performants.

Les laboratoires du marché ont commencé à s'interroger sur le prix du référencement dans ce dictionnaire, et les éditeurs voyaient de plus en plus l'imprimeur de ce dictionnaire comme un fournisseur de contenu. Ce leader historique du marché a ainsi vu sa domination, voire son positionnement sur le marché, remise en cause

Où le centre de gravité du dictionnaire se situe-t-il ? D'où l'entreprise tient-elle sa force ? De son accès direct au praticien : les laboratoires acceptent de payer parce que ce média leur offre la possibilité d'orienter la prescription vers leurs produits.

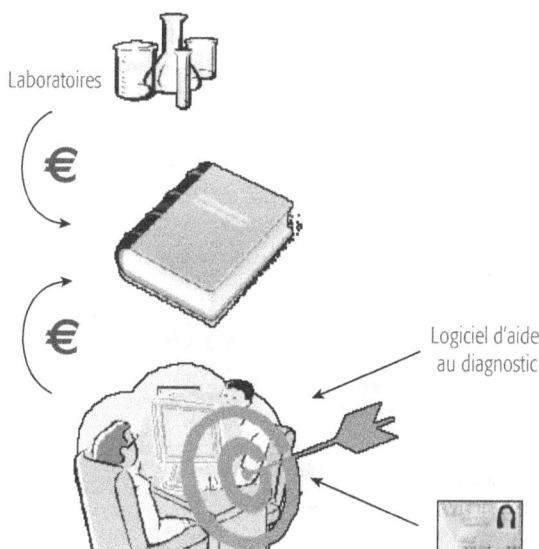

Figure 3 – Exemple de centre de gravité

Le centre de gravité est donc sur le bureau du médecin. À partir du moment où d'autres acteurs viennent prendre cette place, l'entreprise est en danger.

Le leader mondial du soda

Autre exemple de centre de gravité : la recette du fameux Coca Cola inventé par John Pemberton. Certains affirment que même ses propres enfants ne connaissaient pas les ingrédients exacts entrant dans la composition de la boisson, d'autres prétendent qu'il commandait de grandes quantités d'extraits végétaux qu'il n'aurait jamais utilisés, juste pour tromper la concurrence... quoi qu'il en soit, le centre de gravité est au coffre depuis 1886 !

Contrôler son centre de gravité

Pour terminer sur le centre de gravité, nous recommandons de vérifier régulièrement si celui-ci n'a pas changé. Il s'agit pour cela de :
- contrôler les vulnérabilités critiques de l'entreprise qui induisent la protection des informations et ressources clés ;
- regarder son environnement et identifier ce qui a changé pour détecter des tendances.

Pour ce faire, vous pouvez vous appuyer sur la matrice suivante :

	Centre de gravité	Vulnérabilités (accessibilité par les concurrents)	Criticité (1=faible / 4= forte)
Entreprise	xxxxxxxxxxxxxxxxxxxx	XXXXXXXXXXX XXXXXXXXXXX	
Ennemis 1	xxxxxxxxxxxxxxxxxxxx	XXXXXXXXXXX XXXXXXXXXXX	
Ennemis 2	xxxxxxxxxxxxxxxxxxxx	XXXXXXXXXXX XXXXXXXXXXX	
Ennemis 3	xxxxxxxxxxxxxxxxxxxx	XXXXXXXXXXX XXXXXXXXXXX	
Amis 1	xxxxxxxxxxxxxxxxxxxx	XXXXXXXXXXX XXXXXXXXXXX	
Amis 2	xxxxxxxxxxxxxxxxxxxx	XXXXXXXXXXX XXXXXXXXXXX	
Amis 3	xxxxxxxxxxxxxxxxxxxx	XXXXXXXXXXX XXXXXXXXXXX	

Figure 4 – Révision des centres de gravité

La veille

→ Mettre votre organisation en posture de guet permanent pour capter les informations essentielles au pilotage.

Plan de veille : élaboré selon les enjeux de l'entreprise, il consiste à définir les domaines de l'environnement (activités, technologique, normatif, commercial, etc.) devant faire l'objet d'une surveillance active pour en anticiper les évolutions.

Plan stratégique de l'entreprise : sur un périmètre défini, le plan stratégique établit et priorise les objectifs de création de valeur sur le long terme en précisant les ressources allouées à cet effet (financières, humaines, technologiques…).

Information pertinente : information pouvant potentiellement impacter la stratégie de l'entreprise et donc son développement.

Centre de gravité (CDG) : le centre de gravité définit ce qui fait la force de l'entreprise. Ce peut être une logistique performante, un directeur de production excellent mais proche de la retraite, un réseau de distribution, un homme clé dans l'organisation, le fournisseur d'un composant…

État final recherché (EFR) : l'état final recherché (EFR) décrit en termes opérationnels et mesurables la position stratégique visée par l'entreprise qui découle de la directive initiale du dirigeant.

Espace cryptique : groupe restreint de personnes choisies (internes ou externes à l'entreprise) dans lequel l'information confidentielle est échangée librement.

Jeu concurrentiel : inventé par M. Porter, il décrit l'ensemble des acteurs susceptibles d'interagir sur l'activité de l'entreprise. Le schéma doit aider à identifier les « acteurs d'influence » parmi les nouveaux entrants, les fournisseurs, les clients, les concurrents directs et les produits de substitut.

…/…

Page ranking : technologie créée par Google pour évaluer la popularité d'un site web ou d'une de ses pages, matérialisée par une note de 1 à 10 mise à jour quotidiennement. Google utilise le page rank pour déterminer l'ordre d'apparition d'un site. Plus le site dispose de liens, meilleur sera le résultat. Il est possible de vérifier un page rank sur le site www.pagerank.fr.

Clouding : représentation des concepts, personnes, pays… sous forme de nuages de tags avec une notion d'importance ; plus le « concept », les « personnes », le « pays » sont cités, plus ils sont écrits gros pour correspondre à leur importance.

Sourcing : action qui consiste à identifier les sources d'information susceptibles de fournir les documents recherchés.

Text mining : un outil de text mining a des fonctionnalités d'extraction et de catégorisation d'informations non structurées.

RSS (*really simple syndication*) **:** s'abonner à un flux RSS permet de recevoir la liste des nouveaux articles publiés sur un site ou sur un blog.

Culture de la veille

Au-delà d'un savoir-faire, il faut insister sur l'importance d'une culture de la veille, qui est d'abord affaire de tournure d'esprit : chaque collaborateur doit être sensibilisé à la valeur et aux enjeux de l'information et conscient de son rôle dans la recherche. Il est donc important pour motiver les collaborateurs :

- de stimuler la recherche : sensibilisation, émulation ;
- de ne jamais dire « Je le savais », sous peine de tuer les recoupements futurs ;
- de remercier, voire récompenser, systématiquement l'apporteur d'information utile ;
- de valoriser la diffusion de l'information collectée vers les diverses divisions de la structure et d'encourager les réactions informelles à ces informations par un forum dédié ;
- de communiquer en interne sur les succès concrets obtenus grâce à la démarche de veille pour en illustrer l'intérêt et motiver la contribution de tous.

Enjeux de la veille

Pour pouvoir mettre en œuvre la méthode MADIE®, il faut que l'entreprise observe finement et constamment son environnement ; en d'autres termes, qu'elle soit en posture de guet.

Cette démarche permet de constituer un référentiel d'intelligence économique adapté, où l'on trouvera la liste des acteurs, sites Internet, publications, produits, technologies, brevets, normes, salons, etc. où évolue l'entreprise.

> Mettre l'entreprise en posture de guet est une action collective et volontariste. La dimension « réseaux » en est la clé de voûte.

En d'autres termes, l'objectif est de disposer :

- en permanence, de la connaissance fine de son environnement ;
- de l'information vraiment pertinente au regard de la problématique du moment ou des orientations stratégiques ;
- dans les délais utiles, c'est-à-dire offrant un préavis positif pour anticiper les évolutions nécessaires et recadrer en avance de phase l'action défensive ou offensive des acteurs.

Deux postures

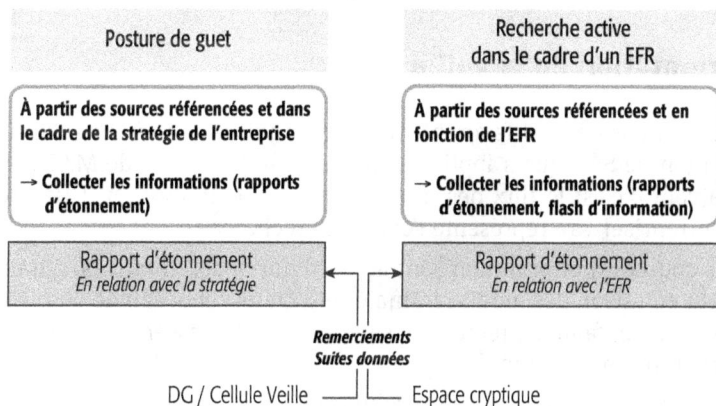

Figure 5 – Posture de guet de l'organisation

Les enjeux de cette veille adaptée sont :

- l'aptitude à développer et à mettre en œuvre une stratégie efficace ;
- l'innovation et la recherche d'éléments de différenciation par rapport à la concurrence ;
- la capacité à réagir efficacement à une crise en obtenant rapidement les éléments permettant aux décideurs de prendre les décisions les plus étayées possible.

Historiquement, les acteurs les plus sensibilisés à la mise en place d'une veille ont une caractéristique commune :

- un environnement hautement concurrentiel et sensible (défense, santé) ;
- des enjeux avec bien souvent des facteurs clés de succès reposant sur l'innovation.

C'est pourquoi la veille doit être considérée comme un élément stratégique. De plus, une compétence élevée en veille est un pré-requis à la mise en œuvre efficace de MADIE® car cette méthode exige :

- une connaissance précise de l'environnement ;
- une recherche ciblée pour identifier et comprendre les évolutions de l'environnement liées à l'action que l'on souhaite mener, dans le périmètre défini et avec l'échéance choisie.

Orientation de la veille

«Il n'est pas de vent favorable pour celui qui ne sait où il va.» Cette citation de Sénèque s'applique directement à la méthode MADIE® : «le vent», c'est le flux des informations, et «l'endroit où il [le chef d'entreprise] va» représente l'état final recherché.

Les sources d'information sont aujourd'hui quasi illimitées, notamment en raison des médias immatériels. Dans cet océan de données, il est facile, faute de temps, de se noyer, ou de passer à côté de l'information importante.

Internet signe une nouvelle évolution dans la diffusion universelle et rapide de la connaissance et des informations après l'imprimerie, le téléphone, la télévision, le télex et le fax. La transmission et le partage de l'information et du «savoir» sont passés de l'oral à l'écrit – avec les limites inhérentes à la diffusion «papier». Aujourd'hui, c'est le numérique qui prend le pas sur le «papier» et démultiplie l'accès à l'information, par le biais d'une simple connexion Internet dont la limite est proportionnelle au seul débit. Et enfin, l'arrivée du web 2.0 collaboratif modifie le flux de diffusion à sens unique (site de société vers une multitude d'internautes) en donnant la parole aux consommateurs devenus des «consom'acteurs».

Internet est une déferlante qui démultiplie la diffusion multi-sources de l'information. Plus de 180 millions de sites web en 2008 (+17 % par an) et 100 000 nouveaux blogs par jour (sources : Technorati & Netcraft) justifient que la veille soit traitée avec des outils spécifiques.

La masse d'informations numériques double tous les dix-huit mois : en 2012, l'univers comptera cinq fois plus d'informations numériques qu'aujourd'hui. Dans les quatre ans à venir, les capacités de générer de l'information vont être encore décuplées par l'arrivée de 600 millions de nouveaux internautes. (source *IDC* : 18-05-2009)

Le plan de veille

À partir du plan stratégique de l'entreprise, de son centre de gravité et de l'état final recherché, la rédaction d'un cahier des charges fixant les objectifs, permanents ou occasionnels, de la veille est par conséquent indispensable.

Il permettra d'établir le plan de veille (où faut-il guetter?) destiné à se concentrer sur la recherche des informations décisives en optimisant le temps disponible.

Typologie des informations

Le périmètre informationnel concerné comprend les informations :

- tactiques ;

  Un concurrent baisse de 5 % son prix de vente : que faire? convoquer les fournisseurs, s'aligner, surenchérir, etc.?

- stratégiques ;

  Un projet de loi modifie significativement la qualification des « barres chocolatées», du fait de sa recette comportant des éléments jugés trop gras. De facto, un des éléments de la chaîne de valeur se retrouve impacté ;

– de nature analogique ;

> Coupure de presse papier, compte rendu oral sur les opérations à venir d'un concurrent à l'occasion d'un salon professionnel.

– de nature numérique ;

> Article de presse scanné, compte rendu de visite saisi dans un CRM.

– structurées (base de données clients) ou non (rapport annuel) ;
– «blanches» (dites aussi informations ouvertes), c'est-à-dire accessibles légalement et librement, «grises», c'est-à-dire légales, mais d'accès limité sous forme d'abonnements par exemple, ou «noires» (secrètes), c'est-à-dire d'accès interdit par voies légales ;
– d'origine interne à l'entreprise ou externe, dont le web.

Axes et types de veille

Le plan de veille peut se décliner en plusieurs types de veille, chaque type pouvant se décliner à son tour en plusieurs axes, portant sur les enjeux stratégiques prioritaires de l'entreprise. Il s'agit de définir des domaines de surveillance correspondant aux activités de l'entreprise, puis de les hiérarchiser en fonction de leur importance. Lorsqu'une entreprise effectue la veille de ses sociétés concurrentes (veille concurrentielle), elle peut être amenée à rechercher des informations différentes car celles-ci dépendent du centre de gravité qui, par nature, est spécifique à chaque entité.

Pour en vérifier la pertinence, il convient de se poser la question suivante : «Si je ne fais rien, est-ce que l'information potentielle sur cet axe peut impacter significativement ma stratégie, mon état final recherché, mon modèle économique ?»

Veille concurrentielle

- L'objectif est de suivre les mouvements de ses concurrents sur les sujets critiques ou potentiellement critiques.
- Les informations recherchées : stratégies, politiques tarifaires, nouveaux produits ou services, résultats financiers, recrutements, clients perdus ou gagnés, partenariats, rachats, nouveaux entrants...
- Les bénéfices attendus sont une comparaison de son entreprise avec ses concurrents.

Veille sectorielle

L'objectif est de surveiller son secteur d'activité, composé des acteurs au sens large que sont les concurrents, partenaires, fournisseurs, clients, législation, environnement/développement durable dans l'esprit de Michael Porter.

- Les informations recherchées sont l'actualité sur ses fournisseurs et clients, les innovations, les projets de loi, les tendances comportementales et sociétales.
- Bénéfices attendus : anticiper les évolutions de ses marchés.

> Le schéma de Porter (1982) prend en compte cinq forces pour déterminer l'intensité concurrentielle du secteur étudié. Le schéma doit aider à identifier les « acteurs influents » dominants parmi : les nouveaux entrants, les fournisseurs, les clients, les concurrents directs et enfin les produits de substitution.

Veille technologique

- L'objectif est de surveiller les brevets, l'évolution des normes, les projets de normes.
- Il sera atteint en recherchant des informations sur les publications et travaux de recherche.
- Les bénéfices escomptés sont l'anticipation des ruptures et évolutions technologiques.

> Les peintures à nano particules, applicables sur n'importe quelle surface, permettant de remplacer les panneaux photovoltaïques avec un rendement cinq fois supérieur d'ici 5 à 7 ans.
>
> Le vaccin anti-tabac, dont l'exclusivité a été achetée par Novartis, risque de porter une concurrence sévère aux entreprises de substituts de nicotine.

Veille réglementaire

- L'objectif est de relever les projets de loi, les textes et normes réglementaires.
- Les informations recherchées sont : les sujets légaux concernant le secteur de l'entreprise, les lois, décrets et jurisprudence, les débats parlementaires et propositions de lois, les propositions patronales et syndicales.
- Les bénéfices : s'assurer d'être en amont des nouvelles règles légales.

Veille image

- L'objectif sera de suivre l'image, la notoriété de l'entreprise ou d'une marque.

- Les informations recherchées : les retombées d'une campagne de communication, la perception des consommateurs sur les forums et blogs, les rumeurs.

- Les bénéfices : apprécier la volumétrie média quantitative et qualitative, la réputation d'une marque selon les cibles étudiées et détecter toute attaque de type sociétale.

> En septembre 2008, les rumeurs, pourtant démenties, d'appel aux fonds souverains du Golfe par la banque Natixis ont contribué à la chute du cours de l'action.

Veille financière

- L'objectif sera de détecter les mouvements sur les marchés financiers affectant potentiellement l'entreprise.

- Les informations recherchées sont les rumeurs de fusion-acquisition, cession, les écarts significatifs de cours de bourse, de matières premières, les intentions des petits porteurs.

- Les bénéfices : apprécier l'environnement financier avec anticipation.

Veille stratégique

- L'objectif sera de suivre l'évolution stratégique du jeu concurrentiel. Cette veille doit permettre d'anticiper un virage fondamental, d'apprécier une évolution ou modification majeure du modèle économique. Elle est plus globale que la veille sectorielle qui se focalise sur «la vie» de son secteur d'activité.

- Les informations recherchées : toutes celles inhérentes au centre de gravité et à l'état final recherché.

- Les bénéfices : détenir les informations facilitant le pilotage stratégique.

Veille territoriale

La montée en puissance des collectivités territoriales sur le registre de la compétitivité implique une démarche de veille au diapason des meilleures pratiques, en regard de l'état final recherché (par exemple : assurer le développement économique d'un territoire pour rendre une région plus attractive).

- L'objectif sera de suivre les aspects socio-économiques, politiques et socioculturels d'un territoire.

- Les informations recherchées : activité des acteurs clés, initiatives civiles, économiques, culturelles ; initiatives réussies d'autres régions ; grandes tendances sociétales, économiques, technologiques pouvant impacter le territoire.

- Les bénéfices : apprécier les attentes et résultats des porteurs de projets pour affiner sa politique.

Le cycle de veille

→ Connaître les quatre actions à mener pour une veille efficace.

Agrégateur : un agrégateur est un logiciel qui permet de suivre plusieurs fils de syndication en simultané. Il regroupe plusieurs flux d'informations matérialisés par des flux RSS que l'on trouve notamment sur des sites d'informations (la presse par exemple, mais aussi les entreprises qui souhaitent mettre à disposition un fil continu d'informations sur une thématique sélectionnée par leurs soins.

Syndication : consiste à mettre à la disposition du surfer un flux RSS avec le dernier titre du contenu du site web suivi.

Information pertinente : information pouvant potentiellement impacter la stratégie de l'entreprise et donc son développement.

Centre de gravité (CDG) : le centre de gravité définit ce qui fait la force de l'entreprise. Ce peut être une logistique performante, un directeur de production excellent mais proche de la retraite, un réseau de distribution, un homme clé dans l'organisation, le fournisseur d'un composant…

Page ranking : technologie créée par Google pour évaluer la popularité d'un site web ou d'une de ses pages, matérialisée par une note de 1 à 10 mise à jour quotidiennement. Google utilise le page rank pour déterminer l'ordre d'apparition d'un site. Plus le site dispose de liens, meilleur sera le résultat. Il est possible de vérifier le page rank sur le site www.pagerank.fr

Clouding : représentation des concepts, personnes, pays… sous forme de nuages de tags avec une notion d'importance ; plus le « concept », les « personnes », le « pays » sont cités plus ils seront écrits gros pour correspondre à leur importance.

Sourcing : action qui consiste à identifier les sources d'information susceptibles de fournir les documents recherchés.

.../...

Text mining : un outil de text mining a les fonctionnalités d'extraction et de catégorisation d'informations non structurées.

RSS (*really simple syndication*) : s'abonner à un flux RSS permet de recevoir la liste des nouveaux articles publiés sur un site, ou sur un blog. Le flux RSS est reconnaissable à son logo 🔊.

État final recherché : l'état final recherché (EFR) décrit en termes opérationnels et mesurables la position stratégique visée par l'entreprise, qui découle de la directive initiale du dirigeant.

Directive initiale du dirigeant : formation claire de l'objectif que le dirigeant souhaite atteindre.

Scénario de collecte : paramétrage d'un moteur de recherche ayant pour objet de lancer une requête correspondant à une recherche de documents sur tout ou partie d'un axe de veille. Le scénario comporte des contraintes strictes (le moteur sélectionne impérativement le document comportant au moins un terme qualifié de strict), des contraintes faibles (pour réduire le bruit et ne pas recueillir des documents trop éloignés des sujets recherchés) et des sources (sites, médias, blogs).

Contrainte : un (ou plusieurs) nom commun, nom propre ou expression devant impérativement figurer dans le document collecté.

Les quatre actions du processus de veille

Communément, le processus de veille s'articule selon un mouvement itératif permettant d'optimiser et de réorienter chacune des quatre actions principales qui le composent :

- l'étude : l'expression du besoin ;
- la collecte des informations ;
- le traitement : l'analyse des informations ;
- la diffusion de l'information utile.

> Chacune de ces étapes nécessite un travail extrêmement précis pour garantir la qualité de la veille.

Ces quatre actions s'exercent sous la responsabilité de personnes aux compétences appropriées.

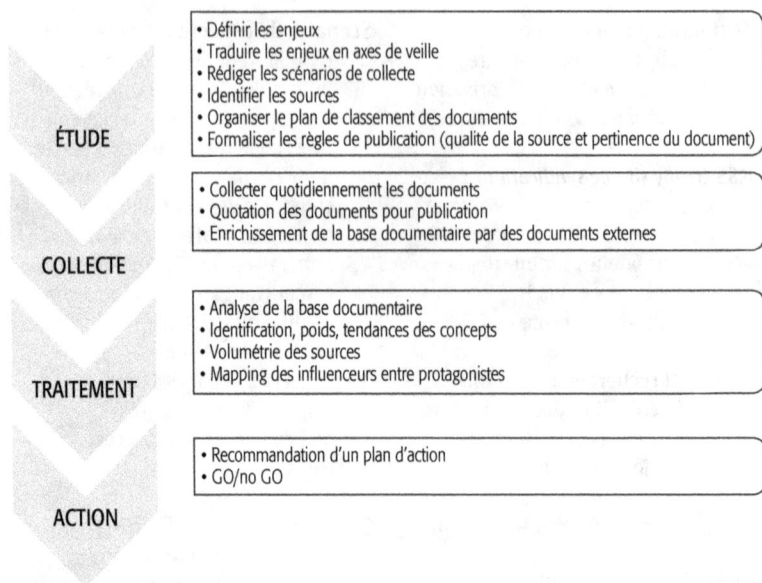

ÉTUDE	• Définir les enjeux • Traduire les enjeux en axes de veille • Rédiger les scénarios de collecte • Identifier les sources • Organiser le plan de classement des documents • Formaliser les règles de publication (qualité de la source et pertinence du document)
COLLECTE	• Collecter quotidiennement les documents • Quotation des documents pour publication • Enrichissement de la base documentaire par des documents externes
TRAITEMENT	• Analyse de la base documentaire • Identification, poids, tendances des concepts • Volumétrie des sources • Mapping des influenceurs entre protagonistes
ACTION	• Recommandation d'un plan d'action • GO/no GO

Figure 6 – Le processus de veille

Action 1 : exprimer le besoin

Étape 1 : définir les enjeux et les traduire en axes de veille

Par un travail en commun, les spécialistes en analyse stratégique (interne ou externe) et le dirigeant (ou destinataire des résultats de la veille) doivent :

- déterminer l'univers à explorer en cernant les enjeux. Pour déterminer ces enjeux et les formaliser, il faut tenir compte des centres de gravité concernés (le sien/celui des concurrents) ainsi que de l'état final recherché ;
- traduire les enjeux en axes de veille qui sont autant d'angles d'observation pour scruter l'univers choisi.

L'axe de veille sera alimenté par un sujet, des mots clés, des expressions clés, des hommes clés, etc., qui le caractériseront. Une première recherche mettra en évidence ses composants. L'option «nuage de tags» (clouding) mettra en perspective la volumétrie liée à ces noms communs et propres. La somme des axes de veille définit ainsi le périmètre des enjeux traités.

Étape 2 : rédiger les scénarii de collecte

Chaque axe de veille pourra être exploré selon un ou plusieurs scénarii, recouvrant l'univers défini. Les scénarios permettent de déterminer les requêtes à lancer sur le web.

Ils sont rédigés par les experts de veille et approuvés par le dirigeant. Cette approbation est très importante car elle conditionne la suite du processus. Ils permettent de concentrer la veille sur des signaux d'alerte potentiels en fonction des événements prévisibles imaginés.

> Un acteur de la grande distribution souhaite apprécier la perception des consommateurs sur les différents services attendus, comme le paiement sans contact. Le scénario va prendre en compte les différents acteurs du secteur (les enseignes de la distribution), le sujet du paiement sans contact, l'avis des consommateurs via les blogs.

Action 2 : collecter des informations

Il convient d'abord d'identifier les sources puis de recueillir l'information.

Étape 3 : identifier les sources

Une fois que l'on sait ce que l'on cherche, il faut savoir où trouver l'information ! Les sources sont nombreuses, diverses et plus ou moins facilement accessibles :

- – sources internes :
  - • collaborateurs (commerciaux, techniciens, acheteurs...),
  - • stagiaires,
  - • documentation,
  - • patrimoine : matériel, immatériel, archives,
  - • banque de données ;
- – Internet, une source externe essentielle dont la richesse et la complexité justifient un traitement particulier. On peut distinguer :
  - • les sites institutionnels : concurrents, médias, acteurs de secteurs d'activité, collectivités territoriales, organisations syndicales,

- les blogs et forums : organisations de consommateurs, universités, scientifiques, etc.,
- les réseaux sociaux : en identifiant des communautés par domaines d'activité, par produits, par technologies, par entreprises, etc.,
- l'Internet dit «profond» ou «invisible» : une veille efficace ne peut se limiter à l'usage de Google qui ne trouve que 15 à 20 % des informations recherchées, celles contenues sur les sites référencés selon le principe utilisé de «page ranking»;
- sources externes :
  - salons, foires, expositions,
  - presse, publications (nommer des lecteurs pilotes et structurer la restitution),
  - réseaux : associations professionnelles ou patronales, anciens élèves, syndicats,
  - organismes institutionnels (préfectures, CCI, CFCE, PEE, Ubifrance),
  - parties prenantes (clients, fournisseurs, concurrents, actionnaires, nouveaux entrants),
  - manifestations, colloques, séminaires, présentations, journées portes ouvertes,
  - publications de brevets,
  - publications de normes et règlements;
- sources spécialisées (collecte et analyse d'informations très ciblées) :
  - cabinets spécialisés,
  - courtiers en information.

En moyenne, une veille portera sur un nombre de sites allant de 50 à 500 pour les veilles complexes à sources très éparses. Une veille nécessitant des articles et des documents issus de professionnels impliquera moins de sites qu'une veille désireuse de remonter également les avis de consommateurs. Une centaine de sites pointés permet déjà une veille très opérationnelle et représenterait un travail considérable s'il devait être fait manuellement L'identification des sites cibles est réalisée par les experts du moteur utilisé. L'expert réalisera des tirs à blanc sur la plate-forme de veille grâce à la fonction «recherche rapide». Le «tir à blanc» consiste à réaliser plusieurs «recherches» avec différentes contraintes pour identifier dans un premier temps les sites les plus visibles. Cette liste est ensuite mise à jour régulièrement, à chaque fois que le veilleur identifie des sites pertinents.

Avant de lancer la collecte proprement dite, il convient d'organiser un plan de classement des documents : cette opération est capitale pour l'exploitation ultérieure des documents collectés car elle conditionne les axes d'analyse. Il peut être ainsi intéressant de recueillir et distinguer les informations professionnelles des informations de particuliers (blogs, forums). Grâce à la création de deux répertoires distincts, une analyse précise pourra être réalisée. D'autres critères peuvent être définis ensuite sur chacune des deux populations.

Étape 4 : la collecte des informations

La collecte s'effectue à partir des sources sélectionnées dans la liste ci-dessus. Elle peut être :

- humaine, par une recherche ciblée, ou par la connaissance diffuse obtenue tout au long de l'activité courante de l'entreprise. Lorsqu'une information importante mérite un traitement particulier, elle peut faire l'objet d'un rapport d'étonnement (cf. figure 7) ;

- semi-automatique, consistant à suivre l'actualité à l'aide de portails agrégateurs (type netvibes) alimentés par une sélection de flux RSS issus des sites majeurs. Mais se limiter à cela, c'est accepter le risque d'avoir une vision déformée de la réalité, tant en quantité qu'en qualité. Les agrégateurs réduisent le champ de vision et faussent la veille : la réalité est alors déformée. De plus, l'analyse sera entièrement manuelle et il sera donc impossible de constituer un corpus documentaire ;

- automatique avec l'aide d'outils informatiques de veille travaillant sur Internet.

L'information est éparse. Elle peut aussi bien se trouver sur un site de grande notoriété accueillant plusieurs milliers de visites quotidiennes, sur des sites d'informations (titres de la presse quotidienne) ou encore d'e-commerce, sur des sites bien référencés par Google comme sur un blog de spécialistes pas ou peu référencé. Pour apprécier cela, on peut faire un test et regarder le nombre affiché de pages résultats qui répondent aux critères de recherche.

Le thème «paiement sans contact» affiche 19 millions de liens. Si l'on rajoute un critère tel que «dans les sept derniers jours», on obtient un résultat encore plus important : 23 millions. Cela montre bien l'intérêt d'utiliser un moteur spécialisé en veille qui ne se limite pas aux pages référencées par Google.

La solution reposant sur les agrégateurs qui regroupent les fils RSS sélectionnés par l'utilisateur selon ses centres d'intérêt permet de suivre l'information déjà sélectionnée par le site émetteur du flux RSS. La «collecte» sera ainsi plus efficace, car plus rapide qu'une recherche faite par soi-même, mais sera par définition incomplète, n'étant pas analysée en terme de concepts ou de signaux faibles, ni capitalisée dans une base documentaire.

Les outils de recherche, indispensables sur Internet, permettent une actualisation quotidienne des informations, plus ou moins importante en fonction de leur finesse. Pour obtenir des résultats «propres», il convient au préalable :

- de traiter les mots à double signification (cancer : maladie ou tropique ?) ;
- de gérer les alias pour les personnalités ayant plusieurs appellations (Premier ministre, François Fillon, Monsieur Fillon, etc.). Il s'agit d'éviter les redondances et de collecter l'ensemble des informations relatives à un même sujet ;
- de recenser les synonymes. Les outils efficaces comportent une «base de connaissances» adaptable au contexte de l'environnement du client ; cela permet, par exemple, de définir qu'une expression est synonyme d'une autre expression (Enzo Ferrari et le Commandatore) ;
- de déterminer la langue d'origine du document (anglais, français, arabe, chinois, langues européennes).

Le veilleur participe régulièrement, surtout au début, à l'affinage de la veille pour optimiser la collecte et ainsi augmenter la pertinence des données trouvées. L'outil informatique doit pouvoir également compiler les données collectées automatiquement avec celles d'origine humaine, éventuellement enrichies par des rapports d'étonnement. Toutes les informations jugées pertinentes, quelles que soient leurs diverses origines, peuvent ainsi être regroupées dans le corpus documentaire.

Émetteur : **Destinataire :** .... **Date :** **Lieu :** .... **Date de diffusion de l'information** (fraîcheur de l'information) **:**
INFORMATIONS AYANT RETENU L'ATTENTION : ....
QUALIFICATION DE L'INFORMATION PAR LE DESTINATAIRE **Fiabilité de la source :** Très fiable - Fiable - Peu fiable - Non fiable **Fiabilité de l'information :** Très crédible - Crédible - Peu crédible - Non crédible **Classification de l'information :** Stratégique *(espace cryptique uniquement)* - Interne - Publique **Recoupement de l'information :** Non - Oui (avec lien vers les documents)
INTERPRÉTATION DE L'INFORMATION PAR LE DESTINATAIRE **Impact possible sur le centre de gravité de l'entreprise :** .... **Impact possible sur l'État final recherché :** ....
Suite donnée à l'information : ....
Date de remerciement de l'émetteur :

Figure 7 – Exemple de rapport d'étonnement

Action 3 : traiter l'information

Étape 5 : la classification

Une fois collectées, les informations d'origine humaine ou obtenues automatiquement sont traitées par le veilleur en fonction du plan de classement préalablement déterminé avec l'entreprise. Il s'agit de :

- trier pour ne conserver que l'information utile ;

Vous trouverez sur le site de l'Aproged (www.aproged.org, association professionnelle des acteurs du document numérique en France) la majeure partie des fournisseurs de ce type de solutions, de l'éditeur jusqu'à l'intégrateur.

– classer, indexer et stocker l'information dans la base documentaire.

> **Exemple de classification pour les paiements sans contact :**
> – un répertoire comportant uniquement les avis issus de blogs sur ce service ;
> – un répertoire des avis émis par les professionnels (médias, acteurs de la grande distribution).

Étape 6 : l'analyse

C'est l'étape déterminante du cycle, celle qui conditionne le succès de la veille. En effet, au-delà de toute approche technologique, aussi coûteuse et perfectionnée soit-elle, c'est à ce stade que la réflexion entre en jeu pour interpréter les diverses informations obtenues et ainsi apporter une réelle valeur ajoutée au processus.

L'information étant collectée, évaluée et classée, l'analyse peut s'effectuer selon une méthodologie, des outils et des tableaux de bord permettant :

- d'évaluer la volumétrie de l'information sur un thème donné, et d'en suivre les variations dans le temps ;
- de détecter l'apparition d'un nouveau concept ou sujet et d'une nouvelle tendance ;
- d'identifier les sources contenant les informations utiles : type, discrétion, origine, etc. ;
- de mettre en évidence, par des outils de cartographie, des liens entre des personnes et/ou sujets veillés ;
- de mettre en évidence des signaux faibles.

L'analyse repose sur le text-mining et les statistiques sur un périmètre donné. Cela permet d'extraire des informations statistiques et sémantiques uniquement sur les documents concernés selon leurs propriétés (pertinence, niveau de preuve…) sur une période définie, voire une zone géographique choisie. C'est possible grâce à la signature par le logiciel du document.

Les résultats de la veille permettent d'identifier des tendances, d'évaluer leur importance et leur évolution dans le temps. Les tendances ou concepts seront mis en évidence en fonction de leur importance et pourront porter sur des personnes, des organisations, des zones géographiques. La représentation des concepts se visualise souvent sous forme de «nuage». L'analyse pourra se faire avec ou sans les concepts identifiés, en les cumulant ou non. Ces résultats devront être analysés avec le client pour les évaluer afin de revoir éventuellement la quotation dans les règles de publication. Selon leur importance, une action à très court terme doit éventuellement être préparée.

Les sources peuvent être évaluées en quantité et appréciées vis-à-vis des axes de veille mis en place. Une source peut être prolixe mais contenir peu de documents très pertinents et inversement. Il est capital de lister les sources et d'apprécier leur importance contributive à l'instant *t* et dans le temps. Dans le déroulement d'une action, les acteurs d'influence, que ce soit un site Web, un journaliste, un blogger peuvent être suivis. La représentation graphique donne immédiatement une vision de ces acteurs porteurs d'enjeux. Un outil de mapping d'influence peut alors créer une carte d'influence permettant de visualiser les relations entre personnes, leurs localisations, les événements correspondants et de les classer de faible à fort en fonction de leur occurrence.

Pour pouvoir bâtir un plan d'action, il est nécessaire de constituer un tableau de bord de la veille lisible par le dirigeant. Ce tableau de bord est une synthèse des informations majeures représentées sous forme de liste par ordre d'apparition des derniers documents collectés type newsletter, d'un graphique de la volumétrie des sources, d'un nuage de tags pour les concepts émergents... Il peut comporter également un masque pour un moteur de recherche « full text » pour obtenir tous les documents comportant le mot, l'expression, le nom recherché. Il peut porter sur le sujet général de la veille, puis être décliné en plusieurs tableaux dédiés à des sujets plus spécifiques : une personne, un produit, une entreprise, une technologie, un service, etc.

Selon une périodicité à définir, correspondant par exemple au rythme des échéances des décisions stratégiques (plan d'action, signature de contrat, investissement...) ou en fonction des enjeux prioritaires (crise, cycle MADIE®), les résultats de cette analyse sont synthétisés par le veilleur dans un document récapitulatif qui valide officiellement, pour les décideurs, l'information recueillie. Cette synthèse doit mettre en exergue, par exemple, la montée en puissance d'un signal faible, des concepts, les associations et corrélations éventuelles, les sources et les personnes d'influence (identification des blogs, forums, etc.).

> Pour la veille sur le paiement sans contact : une enseigne de grande distribution se distingue en équipant plusieurs magasins-test. La remontée d'informations va porter sur la sécurité et la rapidité de traitement pour les professionnels, et uniquement sur la rapidité pour les consommateurs. Les informations proviennent de forums et de blogs. Cela permet d'orienter la communication sur cette nouveauté technologique.

Action 4 : diffuser les informations utiles

Étape 7 : la diffusion d'informations

Il convient dans un premier temps de formaliser les règles de publication et d'évaluer les documents, en étroite coopération avec le dirigeant. Cette évaluation revêt deux aspects :

- l'évaluation de la source : le dirigeant ou le veilleur expérimenté déterminent la qualité de la source. Généralement, l'information publiée dans les quotidiens nationaux et dans la presse professionnelle est digne de confiance. En revanche, un blog mineur sera plus sujet à caution et donc moins bien noté. Cela étant, la notation en fonction du type de source n'est pas une règle absolue : un blog majeur sur un secteur d'activité très pointu peut bénéficier d'une note élevée ;

- l'évaluation de la pertinence du document, effectuée habituellement selon trois niveaux :

  - niveau 1 : correspond aux enjeux mais n'a pas de conséquence particulière,

  - niveau 2 : l'information peut potentiellement impacter la stratégie et doit être diffusée aux acteurs concernés,

  - niveau 3 : l'information est capitale et doit faire partie des éléments de réflexion pour engager ou non une action. Son importance peut justifier une alerte immédiate par le veilleur au destinataire sous forme d'un mail par exemple.

Le destinataire pourra partager tout ou partie de l'information traitée en fonction de sa confidentialité :

- avec les personnes de son choix, en interne ou en externe, en leur demandant d'enrichir les résultats de commentaires éventuels ;

- sur les réseaux sociaux, blogs ou forums pour recueillir des avis ou poser des questions permettant d'enrichir tel ou tel point.

Cette mise à disposition peut se faire par des outils partagés au contenu soigneusement sélectionné, être adressée aux destinataires choisis sous forme de newsletters, ou par des réunions régulières.

Le rythme de diffusion doit être apprécié au regard de l'aspect critique que peut avoir la nature de l'information publiée. Une diffusion hebdomadaire peut être complétée par une diffusion quotidienne pour une catégorie d'informations jugées conjoncturellement essentielles.

Étape 8 : l'analyse décisive

Enrichie par les retours suite à la diffusion, l'analyse peut alors être finalisée pour s'accompagner de recommandations visant, par exemple, à :

- faire ressortir des alertes ou des signaux faibles ;
- remettre en cause des décisions ;
- confirmer des intuitions ;
- provoquer des réactions ;
- faire évoluer la stratégie, la recherche, le plan d'action ;
- préparer l'environnement informationnel nécessaire au déroulement de MADIE®.

Dans notre exemple de veille du service du paiement sans contact, la rumeur de lancement d'un tel procédé par un concurrent peut pousser à recommander l'accélération de la décision d'offrir ce service et à préparer de façon optimale la communication de l'entreprise sur ce thème.

La veille est donc un processus indispensable pour bien connaître l'environnement informationnel de l'entreprise et garantir un minimum d'objectivité à la prise de décisions. Il doit être adapté aux capacités, ressources et enjeux de chaque entreprise, impliquer tous les collaborateurs et être animé par la direction.

La protection des informations stratégiques

→ Protéger le centre de gravité de votre entreprise.

Centre de gravité : le centre de gravité définit ce qui fait la force de l'entreprise. Ce peut être une logistique performante, un directeur de production excellent mais proche de la retraite, un réseau de distribution, un homme clé dans l'organisation, le fournisseur d'un composant...

Intrusion : le fait d'entrer sur un réseau (voix ou données) sans y avoir été invité.

Déstabilisation : le fait de rendre un individu vulnérable en exerçant sur lui une pression par divers moyens (chantage, corruption, menace, etc.).

Sources ouvertes : gisements d'informations d'accès libre (sites Internet non protégés, brochures, documents comptables, rapports annuels, publications, etc.).

Protéger les informations stratégiques, c'est protéger son entreprise

Vous n'êtes pas le seul à rechercher des informations stratégiques sur vos concurrents pour tenter de gagner des parts de marché à leurs dépens. Vous pouvez être la cible de concurrents – voire de partenaires – parfois peu scrupuleux, qui n'hésiteront en tout cas pas à exploiter vos faiblesses ou vos failles de protection.

Le centre de gravité de votre entreprise est ce qui constitue sa force, son moteur, son potentiel de croissance ; c'est lui qu'il faut protéger contre les risques de déstabilisation susceptibles d'intervenir à tout moment, soit par le fait d'une négligence, soit par le fait d'une attaque délibérée venant de l'extérieur (concurrent) ou de l'intérieur (salarié mécontent, etc.).

En juin 2009, *La Tribune* citait une note de la DCRI (Direction centrale du renseignement intérieur) selon laquelle près de 3 000 sociétés françaises ont été la cible d'environ 5 000 actions offensives de tous types (intrusions, piratages informatiques, dégradations matérielles, pressions sur le personnel, fausses informations, attaques d'image) pour s'emparer de procédés de fabrication, ou les déstabiliser. Les trois quarts de ces entreprises sont des PME de moins de 500 salariés, très vulnérables car insuffisamment ou pas du tout protégées.

Une entreprise du sud-est de la France reçoit un de ses clients étrangers qui souhaite s'assurer de la conformité de certains procédés. La visite se déroule dans la plus parfaite cordialité et les visiteurs rédigent sur place leur rapport pour leur maison mère.

Ils demandent, avant de quitter l'entreprise, s'il est possible de l'imprimer et donnent une clé USB pour ce faire. La clé est remise au service informatique qui constate qu'elle est infectée de spyware et autres virus de la sorte.

Les menaces

Sans tomber dans la paranoïa, il est indispensable d'effectuer, puis d'actualiser régulièrement (une fois par an au moins) l'analyse des menaces principales pesant sur votre entreprise.

Les menaces internes

Les menaces internes peuvent être :
- actives, suite à une volonté délibérée de nuire à l'entreprise. Il s'agit le plus souvent de collaborateurs déçus ou achetés qui, pour des motivations personnelles diverses (vengeance, jalousie, intérêt, etc.), sont amenés, dans l'exercice de leurs fonctions, à commettre des actes peu scrupuleux (détournement de patrimoine, divulgation d'informations, de contacts, etc.) ;
- passives, suite à un comportement involontaire dont les conséquences aboutissent à compromettre l'intégrité du patrimoine de l'entreprise. Dans la plupart des cas, il s'agit d'un manque :
  • de prudence (bavardage, indiscrétions publiques, étalage de sa vie professionnelle sur les réseaux sociaux type Facebook, etc.),

- de vigilance (perte de matériels informatiques, manque de surveillance de prestataires extérieurs intervenant dans l'entreprise, etc.),
- de compréhension, ou d'un décalage entre le collaborateur et la politique de l'entreprise : ne comprenant pas (ou ne s'appropriant pas) les motivations profondes des règles ou procédures édictées, le collaborateur les applique à mauvais escient ou les ignore,
- de rigueur dans l'application de procédures (emport de documents à l'étranger, non respect des mesures de sûreté, etc.).

Les menaces externes

Les menaces externes proviennent de personnes ou d'organisations extérieures à l'entreprise qui :

- entreprennent une action offensive :
  - pour atteindre un objectif stratégique : information, technologie, savoir-faire, collaborateur clé, etc.,
  - pour nuire à l'entreprise et à son image : campagne de désinformation par fausses rumeurs ou accusations non fondées, etc.,
- exploitent les failles dans la politique de sûreté ou les imprudences commises pour s'approprier des éléments faisant partie du patrimoine confidentiel de l'entreprise.

Elles peuvent émaner de concurrents directs, mais également de services d'États étrangers, d'officines privées d'intelligence économique spécialisées, d'associations à but non lucratif ou de protection de l'environnement (selon l'objet de l'entreprise visée), de journalistes d'affaires, de pirates informatiques, d'organismes de conseil ou d'audit, de prestataires de services, etc.

> De nombreux responsables d'intelligence économique ou de sûreté dans les entreprises et agences spécialisées proviennent des services de renseignements. Ainsi, Intelligence on line rapportait en septembre 2008 que le motoriste britannique Rolls-Royce est un débouché traditionnel pour les agents du MI6 qui quittent le service...

Différents types de menaces

Ces actions actives, dont certaines sont licites (se reporter à l'annexe relative aux aspects juridiques de l'intelligence économique), peuvent prendre des formes variées dont les principales sont regroupées ci-dessous :

- analyse des sources ouvertes, c'est-à-dire des informations provenant de l'entreprise elle-même (salons, colloques, interviews, publications, sites Internet, etc.) ;
- actions licites exploitant des maladresses : récupération de poubelles, filatures et observations de rencontres de personnes, écoute de conversations dans les lieux publics, bavardages ;
- actions indirectes visant des partenaires privilégiés de l'entreprise : fournisseurs, intermédiaires, clients, prestataires de services, sous-traitants ;
- actions illicites exploitant les failles de la politique de sûreté : intrusions, vols, déstabilisation d'individus, piratages ou destructions informatiques, déni d'utilisation de systèmes informatiques par saturation, interception de rayonnements sensibles, usurpation ou subtilisation d'identités, diffamation, etc.

Se poser la question suivante : «Si j'étais à la place de mon principal concurrent, quels moyens utiliserais-je, en exploitant des faiblesses de mon entreprise, pour essayer de la déstabiliser?»

Protéger son entreprise

→ Évaluer les risques en fonction des menaces identifiées.

→ Définir et dimensionner les dispositions permanentes ou occasionnelles à mettre en œuvre pour
protéger votre entreprise.

Périmètre : domaine de l'entreprise sur lequel s'appliquent les mesures de
protection.

Une bonne protection repose sur une implication de l'ensemble de
l'entreprise, donc une volonté affirmée du dirigeant, une communication interne forte et répétitive et des contrôles réguliers pour vérifier la solidité des procédures et la bonne application des mesures.

Définition du périmètre concerné

Afin d'éviter de ralentir ou de gêner les opérations de l'entreprise, la
définition de ce périmètre doit établir le meilleur compromis entre
l'exigence de la protection et les impacts des
mesures sur le fonctionnement courant.

Des mesures trop
contraignantes auront tôt fait
d'être contournées par les
collaborateurs.

L'organisation doit prévoir des dispositions
largement diffusées, commentées et maî-
trisées par tout le personnel de l'entreprise,
qui doit être spécifiquement formé, testé et
contrôlé à cet effet.

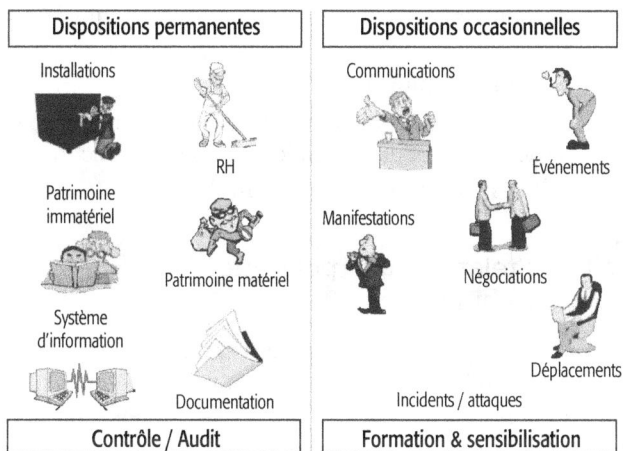

Figure 8 – Le périmètre à protéger

Ressources humaines, la protection des personnes

Dispositions relatives au contrôle des accès

Selon la sensibilité des activités de l'entreprise, l'accès à certains locaux (laboratoires, salles de serveurs informatiques, bureaux d'études...) doit faire l'objet de mesures de restriction. Ce dispositif repose sur le principe d'une autorisation d'accès permanente ou temporaire réservée aux seuls collaborateurs qui en ont besoin dans le cadre de leur travail.

- Restrictions d'accès physique : la liste des personnes autorisées est diffusée et affichée sur les locaux. Des autorisations particulières et restrictives dans la durée sont définies. Des badges de couleurs différentes permettent de repérer visuellement les droits de circulation par zone et de s'assurer de leur respect. La gestion de ces autorisations est tenue à jour par le responsable de la sûreté.

> La majeure partie des fuites vient de complicités internes. Le cloisonnement de l'information permet de limiter les risques.

- Restrictions d'accès à l'information : la préservation de secrets (négociation, propriété intellectuelle, stratégie, etc.) nécessite la mise en place d'une habilitation particulière des seules personnes devant prendre connaissance de ces informations. Cette restriction, souvent intuitive, doit être parfois formalisée car elle protège l'information, mais aussi les collaborateurs non concernés, notamment contre des indiscrétions involontaires ou des pressions de personnes malveillantes. Elle doit s'appliquer également aux collaborateurs chargés de la maintenance et de l'administration des systèmes d'information.

> Un cadre de Michelin a été arrêté en janvier 2009 pour avoir essayé de vendre des procédés de fabrication au principal concurrent Bridgestone après avoir démissionné de son poste.

Dispositions relatives à la politique de ressources humaines

Il s'agit pour l'entreprise de pérenniser ses savoir-faire les plus précieux en évitant qu'ils ne s'évaporent, soit par négligence (départs à la retraite non anticipés), soit par une chasse de têtes au profit d'un concurrent.

Il faut donc identifier les centres de gravité dans le domaine du personnel à partir, par exemple, des compétences rares : tour de main de compagnons très spécialisés, génie inventif d'un ingénieur, expertises uniques, compétences de techniciens maîtrisant parfaitement un processus de fabrication compliqué...

Il s'agit :

- d'identifier les compétences clés ;
- de fidéliser ce personnel ;
- d'entretenir sa motivation.

> Pour une entreprise dont le développement repose sur les talents de vendeur et le précieux carnet d'adresses d'un directeur commercial, il convient de vérifier si son contrat de travail prévoit une clause de non-concurrence, puis d'évaluer le prix de sa fidélité au regard du coût de son remplacement qui doit inclure la perte résultant de la disparition temporelle ou définitive de cette valeur.

Dispositions contractuelles

Elles permettent de renforcer les obligations de discrétion du personnel.

L'entreprise peut à cet effet :

- faire signer aux collaborateurs des clauses de confidentialité plus ou moins étendues, permanentes ou temporaires ;
- demander aux collaborateurs qui quittent l'entreprise de consigner sur un document contractuel l'ensemble des savoirs et

savoir-faire acquis au sein de l'entreprise, afin de définir précisément le contenu du savoir professionnel;

- définir des contrats de confidentialité avec des partenaires extérieurs pendant les périodes liées à des opérations particulières (par exemple la préparation d'une fusion);
- définir des règles précises d'utilisation des moyens de communication et informatiques, comportant éventuellement des mesures de chiffrement, pour protéger l'information dans l'usage des messageries et d'Internet.

Dispositions pour le personnel extérieur

L'entreprise doit définir les règles de protection spécifiques vis-à-vis des personnels extérieurs à l'entreprise. Ces règles peuvent être plus ou moins particularisées en fonction de la nationalité, de l'emploi, de l'appartenance professionnelle des personnes considérées. Par exemple, la nationalité des cabinets d'audit, de conseil ou d'informatique doit être prise en considération.

Des mesures particulières de restriction d'accès physique ou d'accès aux informations doivent être définies à l'égard :

- des personnes des sociétés partenaires de l'entreprise (sous-traitants, opérateurs de maintenance, fournisseurs, sociétés de transports). Par exemple, toute intervention sur une photocopieuse ou sur un serveur devra être effectuée sous surveillance constante d'un collaborateur averti;

  À Courcouronnes, en mai 2008, une entreprise spécialisée dans les circuits imprimés a surpris un employé de propreté en train de photographier un banc d'essai dans l'un de ses ateliers de production.

- des stagiaires, en particulier étrangers;

  En 2005, une étudiante chinoise en stage chez Valeo à la Direction Recherche et Développement est arrêtée après avoir piraté sur son ordinateur portable des données confidentielles. Une quarantaine de dossiers contenant des informations destinées à BMW et Renault ont ainsi été copiés.

- des visiteurs : la circulation des visiteurs dans l'entreprise doit être réglée par une procédure écrite. Plusieurs circuits de visites peuvent être conçus en fonction de la qualité et de l'origine des visiteurs;
- du public.

Le port de badges particuliers et facilement reconnaissables (codes couleurs) selon le type de personnes concernées est un moyen rapide et efficace de contrôler la circulation. Suivant la taille de l'entreprise, il peut être nécessaire d'imposer le port du badge à tout le personnel (y compris les dirigeants à titre d'exemple). Le personnel peut alors être sensibilisé aux risques d'intrusion et aux conduites à tenir face à des présences inattendues.

Protection des sites et des locaux

La protection passive vise à réduire les vulnérabilités de l'entreprise face aux menaces offensives. Les protections doivent être étudiées et graduées en fonction d'un compromis coûts/facilité d'accès/faisabilité/importance stratégique des valeurs à protéger.

Les dispositifs pouvant être mis en place sont :

- protection des accès aux sites et aux immeubles (sas de contrôle, barreaux aux fenêtres, dispositifs extérieurs de fermeture, etc.) ;
- protections internes de zones identifiées : codes électroniques d'accès, moyens d'identification biométriques… ;
- surveillance (vidéo, détecteurs de présence, etc.) ;
- armoires fortes pour documents et supports informatiques ;
- emplacements éloignés des voies publiques pour les sites d'équipements informatiques traitant d'informations confidentielles afin d'éviter les interceptions par rayonnements.

Pour quelques dizaines d'euros, on peut se procurer :

- des micros filaires ou HF d'une portée allant jusqu'à 150 mètres, de la taille d'une tête d'épingle ;
- des amplificateurs de son couplés à des micros directionnels permettant de capter au travers de murs de 60 cm d'épaisseur ;
- des micros capteurs de lignes téléphoniques, couplés à des enregistreurs ;
- des mini-caméras vidéo.

Des expertises d'organismes spécialisés peuvent être sollicitées pour aider les entreprises à optimiser la protection de leurs sites en fonction de leurs activités. Ainsi, la DPSD (Direction de la protection et de la sécurité de la défense) conseille les entreprises qui travaillent dans ce domaine, la DCRI (Direction centrale du renseignement intérieur) celles des autres secteurs d'activité. Il existe aussi des sociétés spécialisées qui se sont installées sur ce créneau et qui font largement appel à d'anciens experts des organismes de la sécurité de l'État (ex-DST ou DGSE). Formés aux techniques d'intrusion physique ou informatique, ils sauront diagnostiquer les vulnérabilités d'un système de protection industrielle et aider à définir le dispositif adéquat pour y remédier. La routine étant l'ennemie n° 1 de tout système de protection, ces spécialistes peuvent par la suite tester régulièrement l'étanchéité du dispositif pour en certifier l'efficacité dans la durée.

Il est également possible de se procurer des appareils de détection d'émetteurs de fréquences permettant de détecter les micros HF, mais impuissants en revanche contre les micros filaires.

En mars 2008, la Direction de la surveillance du territoire est saisie pour enquêter suite à une intrusion dans un institut de recherche en chimie de la faculté de Versailles. Des personnes sont entrées de nuit pour accéder à une zone normalement sécurisée. Une carte d'accès a été utilisée durant dix minutes pour tenter de copier les informations d'un disque dur.

Protection des produits et matériels

Les produits et matériels sensibles doivent être stockés et transportés dans des conditions de sécurité *ad hoc*, en fonction de leur criticité, par exemple :

- traçage des expéditions ;
- colisage avec des emballages sécurisés ;
- lieux de stockage fermés, protégés, d'accès restreint.

Protection du patrimoine immatériel (brevets, réglages de machines, design, plans de fabrication, logos)

L'entreprise doit avoir une politique de protection de la propriété intellectuelle adaptée, notamment par le dépôt de brevets ou de marques, en fonction de la stratégie décidée par la Direction générale.

L'histoire industrielle récente de la France fourmille d'exemples d'inventions françaises piratées par des sociétés étrangères, faute de moyens suffisants consacrés à la protection de ces inventions (par des brevets notamment).

Par une conscience insuffisante de la valeur potentielle d'une invention, par négligence ou par manque de conseils, ce sont parfois les auteurs eux-mêmes qui perdent involontairement le bénéfice de l'exclusivité.

> Les petits ventilateurs silencieux qui refroidissent les circuits électroniques de nos ordinateurs portables ont été inventés par un ingénieur français qui n'a pas tiré fortune de sa géniale invention, faute de l'avoir correctement protégée par des brevets valables dans tous les pays.
>
> À sa décharge, il faut reconnaître que le système proposé à l'époque par l'INPI coûtait extrêmement cher et n'était pas supportable pour un individu, voire pour une petite PME.

Face à la contrefaçon, il peut être utile de réfléchir, en amont de la phase de développement d'un produit, aux possibilités techniques et juridiques de réduire les risques de copie. Des conseils juridiques peuvent être obtenus à ce sujet auprès de la Direction Générale de l'Union des fabricants.

Les logos des produits de marques sont ainsi abondamment copiés par des sociétés qui prospèrent dans certains pays peu respectueux des lois régissant la protection de la propriété intellectuelle et des marques. Les sociétés françaises qui travaillent dans l'industrie des produits de luxe en sont les premières victimes et sont obligées de consacrer des budgets très conséquents pour faire respecter leurs marques.

Protection de la documentation

Le processus de classement et d'archivage des documents peut être plus ou moins sophistiqué et donc plus ou moins lourd. Même au niveau d'une PME, le simple fait de se poser sérieusement la question du traitement des courriers, propositions, catalogues et autres documents dans l'entreprise permet au moins de prendre conscience des risques éventuels liés à la circulation de documents importants au sein de l'entreprise et de mesurer les conséquences d'une éventuelle action nocive (perte, destruction, vol, copie illicite).

Les documents confidentiels peuvent être identifiés avec un marquant spécifique apposé par application physique sur les pages d'un support papier, ou encore par un logo de type Word Art visible à l'écran sur un support numérique. Une gestion de ces documents peut être mise en place pour contrôler leur usage et leur diffusion.

Ce marquage peut concerner :

- des documents éphémères : brouillons, notes, préparations d'accords ou de négociations, documentation de mise au point pour la recherche ou la technique, etc. ;
- des documents pérennes : dossiers, plans d'action ou marketing, documentation financière, contrats, accords, etc. ;
- des documents numériques, dont le nom doit comporter un marquant approprié, qui doivent être élaborés sur des supports numériques dédiés et marqués.

Le marquage ne doit s'appliquer qu'aux documents stratégiques pour l'entreprise. Ces documents doivent être peu nombreux et protégés pour une durée de temps limitée : il faut penser régulièrement à sortir des documents dont les restrictions d'accès ne se justifient plus.

> La banalisation de la protection conduit inévitablement à la compromission : en effet, le risque de rigidifier les supports d'information et de freiner le travail incite les collaborateurs à détourner les règles.

On peut s'inspirer du marquage figurant au fond des bouteilles, une des solutions qu'utilisent les producteurs de premiers grands crus bordelais pour suivre la filière de distribution. Cette technique, non seulement limite la contrefaçon, mais permet en plus d'identifier le négociant négligent – volontairement ou non – dans sa sélection de distributeurs à la recherche de prix discounts, ce qui est contraire à la politique des produits haut de gamme. Les entreprises du secteur du luxe utilisent cette même technique depuis plus d'un siècle pour repérer les montres et les pièces de joaillerie.

Les documents protégés peuvent, selon leur importance, faire l'objet de procédures de :

- suivi pour les documents papier : enregistrement, diffusion, inventaire, destruction ;
- traçabilité pour les documents numériques : des marquants permettant de repérer l'origine du document peuvent être insérés dans les fiches caractéristiques ou dans le corps du texte au moyen de mots ou de formules banalisées, apparentes pour le seul rédacteur ;
- conservation : armoires ou coffres avec verrous de sûreté dont les combinaisons doivent être changées régulièrement, installés dans des locaux protégés, d'accès contrôlé, surveillés éventuellement par des dispositifs de vidéosurveillance ou anti-intrusion. Ces mesures doivent être mises en œuvre lors du départ du lieu de travail ;

- destruction : brûlage ou broyage pour les supports papier (une attention spéciale doit être portée à l'utilisation des poubelles en instaurant par exemple un circuit particulier pour les documents protégés à détruire, par la mise à disposition de poubelles spécifiques d'une couleur bien repérable), surtension électrique pour les supports numériques afin d'assurer une destruction de l'information avant envoi en réparation ou mise au rebut ;
- transport à l'étranger : limiter le nombre de documents protégés au strict nécessaire et les fractionner entre plusieurs collaborateurs. La documentation confidentielle ne doit jamais être laissée sans surveillance, ni dans les chambres d'hôtels ou lieux publics, ni dans les coffres des hôtels.

Protection de votre système d'information : les dispositions permanentes

→ Bâtir la politique de protection de votre système d'information.

Intrusion : le fait d'entrer sur un réseau (voix ou données) sans y avoir été invité.

Saturation : création artificielle d'un flux énorme de messages (par moyens techniques ou en faisant appel à l'opinion) saturant les capacités de traitement des systèmes d'information de l'entreprise pour les rendre inutilisables.

Rayonnements : émission de signaux due à la diffusion électronique liée au fonctionnement des équipements informatiques (écran) ou des réseaux (alimentation électrique ou voies de télécommunications).

Sources ouvertes : gisements d'informations d'accès libre (sites Internet non protégés, brochures, documents comptables, rapports annuels, publications, etc.).

SAS anti-virus : ordinateur isolé et dédié, équipé des versions les plus performantes et à jour d'antivirus, pouvant détecter la présence ou non de virus dans les supports informatiques mobiles avant leur utilisation sur le réseau de l'entreprise.

Sécurité des systèmes d'information (SSI) : politique de protection matérielle et logicielle des réseaux et équipements informatiques et de télécommunications.

Protection logicielle : surveillance du trafic, journal de bord, anti-virus, pare-feu, anti-spam.

Supervision : journaux de bord électroniques, dispositifs d'alerte, surveillance du trafic et des ports, surveillance des accès.

L'informatique est au cœur des processus de gestion, de production, sinon de décision des entreprises. Une paralysie ou une corruption de leur système d'information peut mettre en péril leur devenir.

> Une grande société française qui travaille dans des domaines très protégés a fait l'investissement de recruter pour son service Protection Industrielle un jeune informaticien au profil de « hacker » dont le poste informatique a été configuré comme celui d'un intérimaire ou d'un stagiaire. Chargé de tester les vulnérabilités de l'entreprise, ses tentatives d'intrusion effectuées avec des logiciels téléchargeables gratuits ou peu coûteux ont été couronnées de succès. Elles ont révélé beaucoup de défauts dans la cuirasse !

La protection physique du matériel informatique

L'ensemble du matériel informatique fixe (ordinateurs, serveurs, réseaux…) ou mobile (ordinateurs portables, disques amovibles, clés USB, PDA, CD-ROM…), de bureautique (photocopieurs, scanners…) et de télécommunications (téléphones fixes ou portables, multimédia, modem…) contenant des informations relatives au secret des affaires doit faire l'objet de procédures particulières concernant :

- le suivi : inventaire de l'existant avec marquage de l'entreprise et nom de l'attributaire de l'équipement, localisation, niveau de protection, destruction ;
- l'architecture technique : un réseau intranet totalement étanche de l'Internet peut être mis en place entre les principaux collaborateurs devant échanger fréquemment des informations très confidentielles ;
- la conservation : locaux protégés, d'accès contrôlé, avec dispositifs de surveillance. Les équipements contenant de l'information protégée peuvent être spécifiques, marqués et suivis, et se voir appliquer les mêmes règles de conservation que les documents papier protégés ;
- les règles d'utilisation des supports :
    - ordinateurs : absence de mouchard de clavier, permettant, via un logiciel spécifique, d'enregistrer les touches frappées par l'utilisateur espionné, câble de sécurité pour attacher les ordinateurs portables, verrouillages de ports USB, dispositions anti-rayonnements, protection biométrique de l'ouverture, destruction des disques durs en avarie ou périmés, etc.,
    - périphériques : supports USB spécifiques et identifiés,

- serveurs et réseaux : verrouillage des accès et des ports, sur-veillance de l'absence de dispositifs d'écoute, mesures anti-rayonnement,
- banques de données : sauvegardes obligatoires sur supports isolés et protégés, contrôle des accès,
- mobiles : reconnaissance automatique du matériel lors des connexions,

• l'environnement d'utilisation : connections (y compris électriques) et réseaux autorisés, locaux spécifiques, protections contre les rayonnements, restrictions de déplacements, conditions de trans-ports, alimentation de matériels sensibles sur batteries dans les lieux publics... ;

• la maintenance :
- sur site : surveillance continue des opérations si le prestataire est extérieur à l'entreprise afin d'empêcher l'accès libre à l'information stockée (par exemple, disque dur d'un photocopieur numérique),
- à l'extérieur : préparation des équipements avant envoi (démon-tage des disques durs, cryptage de l'information).

Les mesures de protection doivent être ciblées sur l'importance du contenu informationnel, en réalisant le meilleur compromis entre les contraintes – qui doivent rester légères pour ne pas freiner la créativité ni la mobilité des collaborateurs – et la sécurité. Un com-promis doit également être trouvé entre les mesures de protection physique et celles permettant de crypter l'information.

La sécurité des systèmes d'information (SSI)

Le cyber-espionnage informatique se répand aussi bien au sein des États que des organisations ou des sociétés privées, avec des moyens d'un niveau comparable à ceux de l'espionnage militaire. La plupart des données sont obtenues en exploitant la crédulité des employés qui se laissent influencer par des mails trompeurs. Les agresseurs arrivent par ce biais à se procurer des bases de données clients en accédant aux détenteurs de ces informations par les réseaux sociaux ou via les serveurs d'hébergement.

Préserver au mieux la sécurité du système d'information consiste, outre les dispositions personnelles et matérielles développées ci-dessus, à assurer :

- la mobilisation de l'information existante : intégrité et dispo-nibilité ;

- la préservation du patrimoine informationnel : il s'agit de faire en sorte que les informations devant rester secrètes ne soient pas divulguées à l'extérieur, ni par malveillance ni par erreur ;
- le bon fonctionnement du système support (équipements et réseaux).

Dans ce domaine, la menace est permanente, diffuse, multiforme et de plus en plus difficile à détecter et à contrer. La presse se fait régulièrement l'écho d'opérations à grande échelle de piraterie informatique venant de réseaux actifs dans des pays situés pour la plupart en Asie.

En mars 2009, on découvrait sur Internet un rapport de chercheurs canadiens mettant à jour une vague d'espionnage informatique internationale qui aurait permis d'infiltrer le contenu de 1 295 ordinateurs d'autorités gouvernementales, d'ambassades, d'organisations internationales, de nouveaux médias, d'ONG et de particuliers dans 103 pays. Les pirates informatiques étaient capables de se faire envoyer des informations confidentielles grâce à des logiciels clandestins qu'ils avaient installés sur les ordinateurs visés, démontrant ainsi la facilité de prendre le contrôle d'ordinateurs avec des moyens techniques simples pour créer un réseau d'espionnage performant, baptisé Ghostnet.

La SSI demande une politique appropriée, une implication sans faille de la direction générale, une organisation spécifique et une sensibilisation constante de l'ensemble des collaborateurs.

Il faut savoir que la négligence et les services informatiques sont les premiers responsables de la fuite des données (observatoire Websense 2007). Selon une étude du cabinet Orthus[1], 30 % des fuites de données sensibles proviennent des services informatiques des entreprises ; dans 68 % des cas, des appareils mobiles ont été utilisés.

La norme ISO 17 799 permet de servir de guide pour vérifier l'exhaustivité des mesures prises et auditer l'ensemble des mesures de protection mises en place.

---

1. Étude réalisée en 2007 par l'observation, au moyen de mouchards, de cent mille heures d'activité de diverses sociétés.

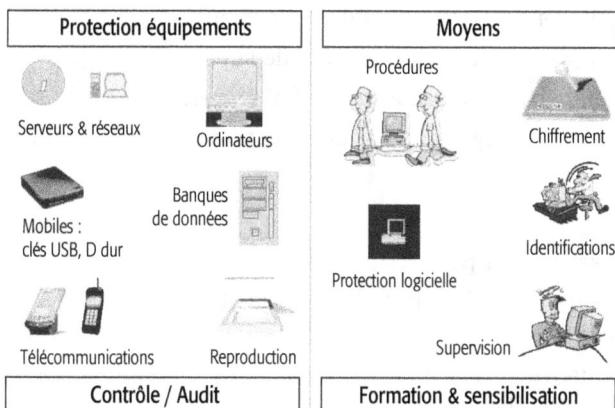

Figure 9 – Champ d'action de la norme ISO 17799

Politique

La politique en matière de SSI doit être bâtie en fonction de l'analyse des menaces, du type d'information manipulée et des vulnérabilités du système d'information de l'entreprise. Elle concerne les moyens de télécommunications et informatiques. Il s'agit d'éviter que les informations confidentielles soient portées à la connaissance de l'extérieur à l'insu de l'entreprise.

Elle sera d'autant plus efficace que l'entreprise aura identifié précisément au préalable la nature des informations à protéger :

> Au-delà de l'audit par des cabinets spécialisés, le Clusif (Club de la sécurité de l'information français) et la DCSSI (Direction centrale de la sécurité des systèmes d'information) fournissent sur leurs sites des méthodes de mise en place et d'organisation de la Direction des systèmes d'information.

- parce qu'elles sont stratégiques pour le développement de l'entreprise ;
- pour préserver le bon fonctionnement du système d'information : données d'administration et de gestion ;
- pour des raisons légales : par exemple, les informations nominatives pour lesquelles l'entreprise a une obligation de résultat sur la confidentialité, ou les informations touchant au domaine de la défense.

Elle vise à doter l'entreprise :

- d'une organisation adaptée ;
- d'orientations, d'objectifs et de plans d'action ;

- de moyens de protection de l'information ;
- de moyens d'administration et de supervision ;
- d'un dispositif de sauvegarde fiable, vérifié et contrôlé ;
- de réactions types en cas de détection d'attaque ou d'incident.

Organisation

L'organisation doit permettre :
- de suivre l'évolution de la menace et de repérer les vulnérabilités ;
- de mettre en place des procédures en matière de SSI parfaitement définies :
  - utilisation d'Internet, des messageries, des réseaux sociaux, des téléchargements,
  - emploi des équipements et supports informatiques, notamment portables,
  - usage des sas anti-virus pour les supports mobiles,
  - procédure de sauvegarde et d'archivage des données informatiques,
  - dépouillement des journaux de bord,
  - réaction en cas d'incident,
- de disposer d'une expertise technique interne ou externe pour vérifier l'adéquation des mesures prises ;
- de surveiller les systèmes d'information : gérer la sécurité, vérifier les outils, interpréter les paramètres de contrôle du système… ;
- de détecter et de répondre aux incidents ;
- de contrôler de façon fréquente, inopinée et discrète, l'application des règles et d'auditer le système pour vérifier la cohérence des dispositions prises en SSI, le niveau de sécurité et évaluer les risques ;
- de former et de sensibiliser les collaborateurs, par des séances de formations internes ou externes et par des reconnaissances de responsabilité.

Elle s'articule autour d'un responsable, qui peut être celui de la protection du patrimoine de l'entreprise ou une personne choisie en fonction de ses connaissances pour remplir cette fonction.

Ce responsable reçoit de la direction les ressources budgétaires et humaines nécessaires.

Il propose la politique SSI, en suit l'application, anime l'organisation et les actions de formation et de sensibilisation des collaborateurs en fonction de leur implication plus ou moins grande dans le système d'information.

Il fournit l'expertise technique soit directement, soit en liaison avec des spécialistes extérieurs : choix des outils, organisation des sauvegardes, chiffrement.

Il décide des actions à mener en cas d'incident.

Il anime éventuellement un cercle de correspondants, autour de responsables de sites ou de filiales et d'administrateurs de systèmes.

Protection de l'information

- Pour la sûreté des communications : chiffrement des téléphones portables, de données sur les réseaux sans fil ou sur Internet (Wi-Fi, USB), protection des centraux téléphoniques contre les usurpations d'identités et d'adresses, verrouillage des accès, dispositifs de surveillance du trafic, utilisation précautionneuse des appareils de télécommunications portables.

> Charlie Miller, spécialiste en sécurité informatique, a annoncé en juillet 2009 qu'il avait réussi à exploiter les failles de l'iPhone en mettant en évidence deux vulnérabilités qui permettent de bloquer l'appareil, de le déconnecter de ses fonctions de communication, ou encore de prendre le contrôle de n'importe quel périphérique. Le procédé consiste à envoyer de multiples SMS, non visualisables par l'utilisateur contenant un logiciel fractionné qui se recompose automatiquement quand l'appareil est activé.

- Pour la sûreté des réseaux, il s'agit avant tout d'éviter une pénétration des réseaux venant de l'extérieur. Le danger le plus prégnant à cet égard vient d'Internet. Pour limiter les risques, il est utile d'assurer une protection des serveurs, des bases de données, un cloisonnement de réseaux, et une sécurisation des accès à l'extérieur (pare-feux, anti-spam, détecteurs d'intrus, etc.).

- Pour la sûreté des systèmes d'information : paramétrage des équipements de sécurité, mise en place de droits d'accès, systèmes de protection (anti-virus) ; passages des supports mobiles dans les sas anti-virus avant branchement sur les équipements reliés aux réseaux ; extinction ou verrouillage automatiques des ordinateurs ; mots de passe complexes et périodiquement changés.

- Pour la sûreté de l'information : crypter l'information sur les supports, utiliser la signature électronique, le marquage de documents, les sauvegardes, l'identification biométrique des utilisateurs de systèmes, la protection par mots de passe complexes (autres que des mots du dictionnaire suivis de chiffres, comportant au moins huit caractères alphanumériques composés de lettres, chiffres et signaux spéciaux), les verrouillages périodiques, la personnalisation des accès à Internet, la mise en place de dispositifs de cartes à puce, de reconnaissance de clés USB, le cryptage des informations lors de l'usage de technologies sans fil (Wi-Fi, USB), etc.

> Le groupe Richemont, maison mère de Cartier, a décidé en 2002 de crypter intégralement les disques durs des 2 000 ordinateurs portables du groupe.

À la dernière conférence Black hat sur la SSI qui s'est tenue à Las Vegas en juillet 2009 un groupe de hackers a réussi à identifier 70 000 mots de passe parmi les plus protégés du monde.

- Pour l'intégrité de l'information : dispositions de sauvegarde sûres et redondantes par l'utilisation notamment de bases de données centrales ou de supports gravés et la duplication des données importantes dans un site différent, par exemple par une société extérieure de confiance spécialisée dans l'archivage informatique.

Moyens de supervision et d'administration

Des dispositifs de sondes et de filtres doivent permettre de vérifier l'intégrité des réseaux, les tentatives de pénétration, le non-respect des règles de téléchargement, ou de navigation, la nature des pièces jointes en circulation.

Les moyens suivants permettent de détecter les tentatives d'intervention sur les réseaux ou le non-respect des procédures :

- signature électronique pour éviter les manipulations d'identité ;
- authentification des utilisateurs d'équipements informatiques par cartes à puces pour garantir l'intégrité des accès et tracer l'utilisation des moyens ;
- protection logicielle pour automatiser la surveillance du trafic ;
- tenue d'un journal de bord ;
- mise en place d'anti-virus, de pare-feux et d'anti-spams.

Les dispositions occasionnelles

→ Préparer sous l'angle de la protection du patrimoine de l'entreprise les manifestations publiques et/ou événements exceptionnels mettant l'entreprise en relation avec le monde extérieur.

Vulnérabilité : point faible d'une personne (vice, dépendance), d'un actif matériel (local, système d'information) ou immatériel (logiciel) de l'entreprise offrant une opportunité d'attaque.

Chaque événement comporte des risques qui augmentent la vulnérabilité de l'entreprise en offrant des opportunités d'action pour les organismes ou personnes cherchant à commettre des actes de malveillance.

En fonction de l'activité de l'entreprise, une organisation type comportant des mesures standards de protection peut être définie pour chaque catégorie d'événements. En amont de l'événement, une sensibilisation particulière des acteurs concernés ainsi qu'un contrôle adapté selon les risques encourus et l'importance des enjeux doivent être effectués pour vérifier l'opportunité et la solidité du dispositif.

Visites de l'entreprise

Au cours des visites – de groupe ou particulières – organisées au profit de personnes extérieures à l'entreprise, les dispositions spécifiques de protection suivantes peuvent être prises :

> Les visites d'usines sont un moyen privilégié pour faire de l'espionnage industriel.

- choix du parcours de visite ;
- fermeture des locaux protégés ;
- absence de documents accessibles ;

- ordinateurs éteints;
- rangement dans des armoires sécurisées des matériels de bureautique portables;
- accompagnement permanent par une personne de l'entreprise, au moins dans les locaux munis d'équipements informatiques ou de reproduction;
- éléments de langage pour les personnes de l'entreprise en relation avec les visiteurs (que puis-je dire? Comment répondre aux questions gênantes pour la préservation de mon patrimoine?).

L'histoire industrielle récente fourmille d'exemples plus croustillants les uns que les autres : tel ce visiteur qui avait trempé sa cravate (équipée d'une éponge *ad hoc*) dans un bac de traitement chimique pour permettre aux spécialistes intéressés d'analyser ensuite la composition du liquide de traitement, ou encore cet autre visiteur étranger équipé de chaussures spéciales qui lui permettaient de récupérer dans ses semelles des copeaux de métal au cours d'une visite d'un atelier de fraisage de pièces métalliques dans une société d'aéronautique.

Ces méthodes font maintenant sourire et peuvent paraître désuètes au regard des moyens modernes d'investigation dont disposent les services de recherche, mais un exemple récent qui s'est produit dans une grande société de l'industrie aéronautique montre qu'il faut rester vigilant.

Au cours d'une visite d'une délégation d'industriels coréens, une jeune Coréenne a beaucoup insisté pour prendre des photos souvenirs du groupe; le responsable de la protection industrielle qui accompagnait la délégation a été intrigué par l'insistance avec laquelle elle demandait systématiquement au même collègue coréen de se positionner juste à côté des «objets d'intérêt» de la visite; elle a été interceptée discrètement à la fin de la visite et les enquêteurs se sont aperçus que toutes ses photos étaient parfaitement ciblées sur des produits de nouvelles technologies et que la cravate de son «modèle» préféré était calibrée, ce qui permettait de restituer avec une bonne précision les dimensions de tous les objets photographiés.

Interventions ponctuelles d'intervenants extérieurs à l'entreprise

Les règles de protection du patrimoine en matière d'accès aux locaux, de confidentialité, de manipulation de l'information électronique, de stockage de données doivent être spécifiées contractuellement avec :

- les directions des entreprises intervenantes : sécurité, nettoyage, consultants, audit, transports, maintenance, fournisseurs... ;
- les personnes concernées prises individuellement.

Des contrôles fréquents doivent permettre de vérifier la bonne application par le personnel de ces clauses de protection.

Salons

Pendant les salons, expositions ou foires professionnelles, l'entreprise doit inventorier les risques majeurs pesant sur son patrimoine. Ces manifestations sont notamment propices à la substitution d'identité, sous la forme de faux clients, d'étudiants ou de journalistes par exemple. Elle doit ainsi veiller :

- à n'exposer que des produits dont les caractéristiques devant rester cachées ne sont pas accessibles ;
- à vérifier que les échantillons distribués ne recèlent pas de secrets de fabrication ;
- à s'assurer que les démonstrations ne livrent pas de secrets ;
- à contrôler la documentation fournie ;
- à surveiller les comportements douteux (ex : visiteur photographiant sous toutes les coutures un nouvel équipement révolutionnaire exposé pour la première fois) ;
- à préciser aux exposants les règles de comportement et de communication vis-à-vis des tiers : niveau de l'interlocuteur, éléments de langage, données communicables, etc.

Déplacements extérieurs

Les déplacements en France ou à l'étranger offrent d'excellentes opportunités aux concurrents et comportent de nombreux risques spécifiques pour lesquels il convient de prendre des précautions appropriées.

Les transports en commun (TGV, avions), les salons d'attente des compagnies aériennes et les grands hôtels sont des lieux de prédilection pour les chasseurs d'informations confidentielles. Pour éviter tout risque, il suffit d'imaginer qu'un directeur de votre principal concurrent voyage à proximité immédiate pour réaliser que ce n'est ni le lieu ni le moment d'échanger avec vos collaborateurs sur la stratégie commerciale ou de préparer la négociation qui vous attend à l'arrivée du train.

- Discrétion, surtout verbale, dans les réunions de travail effectuées en dehors du cadre de l'entreprise, pendant les repas ou les activités non professionnelles.

> Des personnes intéressées par certaines catégories d'informations empruntent systématiquement les TGV Paris/Bruxelles pour écouter les conversations de leurs voisins et capter des informations en lisant les écrans des ordinateurs portables.

Ainsi, il y a quelques années, un journaliste du *Figaro* avait retranscrit dans son éditorial la conversation entendue, dans le salon d'attente d'un aéroport, entre les membres d'une équipe de négociation d'une grande société française d'électronique partant défendre un grand contrat confidentiel. Inutile de dire que les membres de cette équipe ont été chaleureusement félicités par leur PDG à leur retour, d'autant plus que ce contrat n'a pas été remporté par cette société.

- Surveillance continue des documents et équipements informatiques fixes ou portables : la proximité physique doit être constante :
  - ne pas utiliser les soutes à bagages des avions,
  - ne pas laisser de documents ou de supports informatiques dans les chambres ou les coffres d'hôtels, mettre des protections d'écrans pour qu'ils ne soient pas visibles des voisins dans les transports.
- Limiter l'emport d'informations au minimum utile sur les supports informatiques portables en raison des risques très élevés de vol ou de perte.

> Les autorités douanières ou de sécurité de certains pays d'Asie peuvent confisquer les ordinateurs portables. Ainsi, des responsables de l'industrie aéronautique en voyage professionnel ont vu leurs biens saisis au nom de la lutte antiterroriste en arrivant à l'aéroport. Ils n'ont récupéré leurs portables que plusieurs semaines plus tard, mais vidés de leurs fichiers.
>
> Une récente étude de l'institut américain Ponemon révèle que le coût moyen de la perte immatérielle générée par la disparition d'un ordinateur portable s'élève à 49 246 $; ce coût est proportionnel au niveau hiérarchique de son utilisateur : 28 500 $ pour un senior executive, 61 000 $ pour un « manager » ou un directeur. Ce coût est aussi lié à la rapidité de réaction de la société : le coût moyen est limité à 8 950 $ quand la société est prévenue le jour même, et il monte à 116 000 $ après une semaine. Si les données contenues sont stockées dans une mémoire cryptée, le coût moyen est réduit de 20 000 $.

> Sur les six premiers mois de 2008, 400 ordinateurs portables auraient été volés à bord des TGV de la ligne Thalys, dont les trois quarts sur commande.

● Cryptage des communications téléphoniques (Wi-Fi) et des échanges de données numériques.

Protection lors d'opérations de communication et de négociations

La communication interne

Il faut savoir se montrer convaincant et transparent dans l'information divulguée en interne pour motiver le personnel et focaliser les énergies vers une stratégie commune... tout en restant prudent sur le contenu : tout ne doit pas être dévoilé car, par imprudence ou volonté de nuire en interne, le secret peut être compromis.

La communication externe

Art sensible et délicat à maîtriser, les communications à destination du public (conférences, interviews, documents écrits ou multimédias, contenu Internet) doivent être soigneusement préparées en identifiant ce qui ne doit être divulgué sous aucun prétexte. Une attitude humble et prudente est de mise pour éviter de lâcher par mégarde des confidences auprès de professionnels spécialisés, de médias ou de personnalités, ou de personnes malveillantes qui se présentent sous des identités innocentes.

Il faut savoir éveiller la curiosité des auditeurs ou des journalistes tout en évitant de se faire piéger.

> Le discours doit être vérifié en interne par des personnes de confiance avant divulgation.

Pour parer les questions délicates et éviter toute surprise, il convient de préparer la communication en élaborant des éléments de langage adaptés et en identifiant au préalable les questions pièges.

Les négociations

La protection du contenu des négociations est souvent essentielle pour ne pas divulguer des indications stratégiques fondamentales. Dans ce cadre, la protection consiste à éviter que des indices puissent être déduits par une interprétation liée à l'environnement de la négociation. Il convient donc :

- avant le début des négociations et de tout échange de données confidentielles, de protéger juridiquement par un accord de confidentialité (NDA, *non disclosure agreement*) le contenu et les modalités des échanges jusqu'à la fin des discussions. La protection ainsi offerte peut paraître simple, mais il ne faut pas négliger l'effet psychologique associé à une demande qui engage au plus haut niveau la société «adverse» devant une juridiction pénale en cas de manquement caractérisé aux obligations de cet accord ;
- de prévoir les mesures à prendre en cas de rupture de négociations ;
- de choisir avec soin le personnel qui sera impliqué et de le sensibiliser aux risques d'indiscrétions ;
- de définir des lieux de rencontre neutres et discrets (endroits publics à l'étranger par exemple) ;
- de définir les règles de télécommunications ou d'échanges de données ;
- de définir les règles de protection des documents.

Prévention des incidents ou des attaques

→ Être en mesure de réagir efficacement lorsque votre entreprise est la cible d'une attaque ou victime d'un incident ayant rendu vulnérable son patrimoine.

Incident ou attaque

L'entreprise doit réfléchir en amont aux mesures à prendre en cas d'incident ou d'attaque mettant en danger son patrimoine. L'étendue de la réaction à mettre en œuvre dépendra de la nature et de l'importance des conséquences de l'agression subie : sur les personnes, le patrimoine physique, l'information, etc.

L'entreprise peut établir un certain nombre de scénarios pour préparer ses réponses, selon que l'attaque concerne :

- un membre de l'entreprise : déstabilisation, tentative de recrutement, etc. ;
- le patrimoine physique : effraction, mailing saturant, etc. ;
- le patrimoine informationnel : rumeur, infiltration dans les réseaux, soupçon de compromission interne, etc.

Dans ses mesures de réaction, l'entreprise doit veiller à respecter les interdictions légales, notamment celles pesant sur la vie privée. En revanche, en cas de soupçon, elle ne doit pas hésiter à recourir aux services de police ou de gendarmerie spécialisés, notamment en matière d'information électronique.

En cas d'incident ou d'attaque sur le patrimoine de l'entreprise, il convient :

- de prévenir sans tarder le dirigeant ;
- d'activer le cas échéant une cellule de crise pour prendre des mesures de réaction en mettant en œuvre un dispositif d'alerte pour l'ensemble de l'entreprise :

- déclenchement de procédures de sauvegarde et/ou d'isolement,
- analyse approfondie de l'événement,
- évaluation des conséquences juridiques, techniques, informationnelles, commerciales, financières, immatérielles (image, réputation),
- sollicitation de spécialistes extérieurs (diagnostic, vérification de l'intégrité des systèmes informatiques, etc.),
- élaboration d'éléments de communication interne et externe,

Des cabinets spécialisés peuvent aider les dirigeants à faire face à une crise majeure qui, si elle est mal traitée, risque d'entraîner une situation catastrophique pour l'entreprise.

- analyse pour identifier les causes à l'origine de l'incident et en tirer les enseignements et les dispositions à prendre pour éviter qu'il ne se reproduise dans le futur.

La préparation de ces réactions permettra à l'entreprise de pouvoir réagir rapidement, de limiter les dégâts et de respecter ses obligations légales.

Citons les déstabilisations de Perrier aux États-Unis suite à une détection de benzène contenu dans la boisson éponyme, de Total suite au naufrage de l'Erika ou de Buffalo Grill, soupçonné d'importation illégale de viande britannique contaminée.

Fiche 12

Contrôle et respect
de la politique de protection

→ Vérifier que les dispositions prises sont bien appliquées par les collaborateurs.

→ Identifier les failles de protection.

Vulnérabilité : point faible d'une personne (vice, dépendance), d'un actif matériel (local, système d'information) ou immatériel (logiciel) de l'entreprise offrant une opportunité d'attaque.

Key loggers : équipement ou logiciel espion qui enregistre les touches frappées sur le clavier d'un ordinateur et les transmet via un réseau, permettant notamment de connaître les mots de passe saisis pour se connecter aux sites Web.

SSI : sécurité des systèmes d'information.

CNIL : Commission nationale de l'informatique et des libertés.

DCRI : Direction centrale du renseignement intérieur.

SGDN : Secrétariat général à la Défense nationale.

DGSE : Direction générale de la sécurité extérieure.

Les dispositions de contrôle

Elles sont destinées à vérifier l'efficacité et la cohérence du dispositif de protection du patrimoine, à identifier les vulnérabilités, à évaluer les risques et à proposer des améliorations.

Pour aider à dimensionner le dispositif de contrôle, dans chaque domaine (informatique, locaux, documentation...) et pour chaque événement occasionnel (salon, visite, voyage...), l'entreprise peut se poser les questions suivantes :

– quelles seraient les conséquences si un incident se produisait aujourd'hui ?

- suis-je sûr de la fiabilité des acteurs concernés, et des mesures actuellement en place ?
- quelle serait la réversibilité en cas d'incident ?
- ma responsabilité de dirigeant est-elle engagée ?

Le contrôle comprend :

- des mesures internes pour vérifier le respect des obligations légales et des mesures prescrites ;
- des audits *ad hoc* par des organismes extérieurs sur demande de l'entreprise (chambres de commerce et d'industrie, organisations professionnelles, préfectures, cabinets ou consultants spécialisés) pour vérifier l'adéquation des mesures de protection prises face aux risques encourus et à la sensibilité du patrimoine.

Ces contrôles permettent d'adapter en toute connaissance de cause le dispositif de protection de l'entreprise en fonction de la vulnérabilité résiduelle acceptable et de son coût.

Les contrôles peuvent être permanents (surveillance du trafic électronique) ou occasionnels (vérification d'un dispositif), mais doivent être effectués régulièrement – parfois même de façon impromptue.

Le dispositif de contrôle doit être confié à un responsable formellement désigné. Dans ce cadre, il doit :

- définir un plan d'action couvrant la totalité du spectre de la protection du patrimoine et réparti sur l'année entière ;
- entreprendre les actions de contrôle proprement dites : planifiées, en réaction à des incidents ou aléatoires ;
- analyser les dysfonctionnements et les atteintes au patrimoine pour proposer les actions correctrices à mettre en place ;
- présenter au moins une fois par an le bilan de son action ;
- entretenir un retour d'expérience et le diffuser pour mieux sensibiliser le personnel.

Les trois dimensions des dispositions de contrôle

Les dispositions de contrôle comportent des aspects juridiques, organisationnels et techniques.

- Pour le juridique, l'entreprise doit s'assurer du respect de ses obligations :
  - dans la conservation de ses données informatiques, notamment personnelles (respect des règles de la Commission nationale de l'informatique et des libertés),
  - dans le contenu des clauses de protection mises en place,
  - dans les règles de comportement prescrites au personnel.
- Le contrôle organisationnel permet de vérifier :
  - la mise en place effective des procédures prescrites,
  - le bon fonctionnement de l'organisation,
  - la prise en compte des améliorations déduites du retour d'expérience.
- Les actions de contrôle techniques sont destinées à vérifier la bonne application – collective et individuelle – des mesures matérielles de protection du patrimoine et à déceler les éventuelles tentatives d'atteinte au patrimoine :
  - pour les accès : télésurveillance et rondes,
  - pour le patrimoine physique : intégrité des dispositifs de protection (alarmes, détecteurs, serrures),
  - pour les équipements de télécommunications et électroniques : mesures de rayonnement, intégrité des réseaux et des matériels (absence de micros, de key loggers sur les faces arrière des ordinateurs),
  - pour la SSI :
    - contrôle du bon état des moyens de sécurité et de surveillance des systèmes d'information et des échanges d'information sur les réseaux (sondes),
    - contrôle de l'administration des systèmes d'information : gestion des moyens de sécurité, des droits d'accès, analyse du journal des SI,
    - mesures de protection de l'information : dernière date de mise à jour des antivirus, activation des mots de passe sur les ordinateurs, paramétrage de la sécurité des serveurs, protection des bases de données, utilisation effective des moyens de cryptage, etc.

Faire vérifier l'efficacité des mesures de contrôle

Des conseils et des vérifications sur l'efficacité des contrôles peuvent être demandés :

- auprès des antennes d'intelligence économique placées au sein des préfectures pour les questions d'ordre général ;
- auprès de services étatiques spécialisés dans des secteurs d'activité sensibles, pour une opération particulière ou en cas de présomption d'agissements internes de nature pénale ou d'une menace provenant de l'extérieur (DCRI, SGDN, DGSE, ministère de l'Intérieur) ;
- à des cabinets juridiques spécialisés pour contrôler la légalité des mesures de protection et de SSI concernant les salariés ainsi que la confidentialité des données (notamment personnelles afin de vérifier le respect les impératifs de la CNIL) ;
- à des experts en technologies des systèmes d'information pour vérifier le niveau, l'efficacité et l'intégrité de la SSI.

Fiche 13

Formation et sensibilisation à la protection

- Donner aux collaborateurs les règles, procédures et outils permettant à chacun d'assumer ses responsabilités en matière de protection du patrimoine.
- Communiquer sur les incidents et problèmes identifiés afin de maintenir, voire d'augmenter, la vigilance des collaborateurs.

Intrusion : fait d'entrer sur un réseau (voix ou données) sans y avoir été invité.

Spam : courrier électronique non désiré polluant les boîtes de réception des mails.

SSI : sécurité des systèmes d'information.

CNIL : Commission nationale de l'informatique et des libertés.

La formation à la protection

Des formations spécialisées plus ou moins poussées peuvent être dispensées au personnel concerné par la protection du patrimoine : assistante de direction, responsable sûreté, spécialiste SSI.

Ces formations peuvent être adaptées aux besoins de l'entreprise, par des cabinets ou consultants spécialisés : séminaires de sensibilisation pour le personnel ou formations ciblées, par exemple en veille économique, en droit, en SSI, etc.

Elles peuvent aussi être dispensées dans le cadre général des formations à l'intelligence économique :

- Master d'intelligence économique des universités de Poitiers (ICOMTEC), de Toulouse, du CESD de Noisy-le-Grand ;

- Master d'information scientifique et technique de Nancy ;
- Master information stratégique et innovation technologique, ISTIA d'Angers ;
- Master veille stratégique, culture et management japonais du centre franco-japonais de management, IGR/IAE de l'université de Rennes ;
- Master d'information stratégique et critique, veille technologique de l'université d'Aix-Marseille III ;
- École de guerre économique de Paris ;
- Management des systèmes d'information et organisation, option veille stratégique de l'École supérieure des affaires de Grenoble ;
- Mastère management de l'information stratégique du CNAM ;
- Mastère spécialisé en intelligence économique, ESC de Dijon ;
- Mastère spécialisé en intelligence scientifique technique et économique de l'ESIEE (École supérieure d'ingénieurs en électronique) de Noisy-le-Grand ;
- Mastère spécialisé intelligence économique et management de projets complexes, CERAM Sophia-Antipolis ;
- International MBA Knowledge Management, CRRM, université d'Aix-Marseille III ;
- Mastère spécialisé en intelligence économique de l'EISTI (École internationale des sciences du traitement de l'information) à Cergy-Pontoise ;
- Mastère spécialisé management des risques internationaux d'HEC ;
- Mastère spécialisé Knowledge Management de Lyon ;
- Mastère spécialisé intelligence économique et stratégie d'entreprise de l'ESC Toulouse ;
- Stages généraux et spécialisés de l'IHEDN (Institut des hautes études de la Défense nationale).

Compte tenu de l'évolution extrêmement rapide des techniques, elles doivent être maintenues à jour par la participation à des associations ou à des cercles d'experts en informatique et/ou en intelligence économique, comme le Club de sécurité des systèmes d'information français (Clusif).

La sensibilisation

L'ensemble du personnel de l'entreprise doit être sensibilisé à la protection. Cela consiste à mettre en place un plan d'action comprenant des mesures de formation et d'information et de responsabilisation ciblées sur la protection du patrimoine.

Cette sensibilisation peut être effectuée à l'occasion :

- de réunions internes : au moins une fois par an, à l'occasion de la présentation du bilan ou de la réunion d'un comité d'entreprise par exemple, la question peut être abordée au travers du retour d'expérience de l'année écoulée ;
- à l'occasion d'un événement exceptionnel, lors des réunions d'organisation, la protection doit être systématiquement évoquée à partir d'une analyse particularisée des risques et des menaces et diffusée aux membres de l'entreprise ;
- au moment de la prise de fonction, un engagement de responsabilité, sous la forme d'une charte, peut être soumis à signature du personnel (y compris stagiaires et intérimaires) ou de sociétés extérieures ayant à travailler dans l'entreprise (conseil, audit, nettoyage...) précisant entre autres :
  - le rappel des dispositions pénales principales (protection des données et de l'information, secret professionnel, clause de confidentialité, utilisation des moyens de communication et informatiques, etc.),
  - les comportements en déplacement,
  - les restrictions d'accès,
  - les consignes de fermeture des locaux,
  - les règles de conservation et de destruction des documents,
  - les règles d'utilisation des équipements informatiques,
  - les règles d'utilisation des équipements de reproduction,
  - les règles de navigation sur Internet en précisant les sites interdits, les messageries autorisées, les règles de téléchargement, etc.,
  - les règles d'utilisation des moyens de communication fixes et mobiles,
  - toute autre règle jugée utile pour la sécurité du patrimoine.

Cette charte peut préciser les modalités d'exercice de la vie privée au travail : par exemple, emplacements personnels, utilisation d'un marquant particulier pour les documents papier, les fichiers informatiques ou les messages, etc.

Des actions particulières doivent être menées en matière de SSI, compte tenu de l'importance et de la vulnérabilité croissante de ce domaine :

- les responsables internes à l'entreprise doivent recevoir des formations SSI d'un niveau adapté à leurs fonctions et aux systèmes d'information mis en œuvre au sein de l'entreprise ;
- les professionnels de l'informatique et des télécommunications (administrateurs, techniciens, etc.) doivent entretenir une compétence en SSI adaptée à l'exercice de leurs responsabilités en matière de sécurité ;
- les personnels utilisateurs doivent être prévenus des obligations légales et des sanctions professionnelles encourues dans l'utilisation des moyens informatiques. En effet, les erreurs humaines aboutissant à des ruptures de confidentialité, par exemple sur des données personnelles rentrant dans le champ de la CNIL, peuvent entraîner la responsabilité de l'entreprise ;
- les utilisateurs doivent être alertés des risques, s'engager sur les règles et procédures à appliquer, et connaître les réactions à adopter en cas d'incident.

Il s'agit donc de promouvoir une attitude de responsabilisation et de vigilance pour éviter les comportements compromettants qui peuvent être lourds de conséquences sur le système d'information et pour la réputation de l'entreprise :

- vérification de la provenance de communications électroniques et des identités des correspondants ;
- vérification de l'authenticité des contenus des messages électroniques ;
- maîtrise des outils de messagerie : assurer la destination des re-routage automatiques de messages ;
- prudence dans la manipulation des mails d'origine non sûre : ouverture de pièces jointes, saisie d'informations confidentielles, etc. ;
- interdiction de consulter des sites à risques (loteries, sites contraires aux bonnes mœurs) ;
- interdiction de relayer les spams et mails de chaînes de solidarité ;

- interdiction d'ouvrir des comptes ou des sessions informatiques non personnelles ;
- interdiction de tenter de pénétrer dans les serveurs et bases de données ou de leur porter atteinte ;
- interdiction de tenter d'usurper l'identité d'autres personnes ou d'essayer d'intercepter des trafics de voix ou de données ;
- interdiction de manipuler des données qui ne leur appartiennent pas ;
- interdiction de divulguer à des tiers les informations sur les dispositions SSI de l'entreprise ;
- signalement de toute tentative d'intrusion.

Les personnes ayant à mettre en œuvre (ou effectuer la maintenance) des équipements informatiques, de télécommunications ou de bureautique, ou ayant à administrer ou exploiter les systèmes d'information doivent effectuer des stages spécifiques.

Quelques outils pour concevoir sa politique de protection du patrimoine

→ Fournir des outils pratiques permettant de concevoir une politique de protection du patrimoine en relation avec ce qu'il est essentiel de protéger.

Vulnérabilité : point faible d'une personne (vice, dépendance), d'un actif matériel (local, système d'information) ou immatériel (logiciel) de l'entreprise offrant une opportunité d'attaque.

SSI : sécurité des systèmes d'information.

Pourquoi une politique de protection ?

Chaque entreprise devrait lancer régulièrement une démarche stratégique de protection de son patrimoine qui demandera plus ou moins d'approfondissement, de temps et d'investissement selon la sensibilité de son secteur d'activité, son importance et son exposition au marché. Sachant qu'une protection totale et permanente n'est jamais acquise, l'entreprise recherchera un optimum entre les moyens qu'elle peut se permettre de consacrer à cette fonction et les risques encourus.

L'intérêt d'une telle politique sera d'autant plus évident que l'entreprise participe d'un secteur d'activité considéré comme sensible :

- nanotechnologies ;
- technologies de l'information et des télécommunications ;
- cryptologie ;
- armement ;
- nucléaire :

- optronique ;
- électronique ;
- énergie ;
- constructions navales ;
- aéronautique ;
- biotechnologies.

Dans le monde ouvert actuel où l'instabilité croît sans cesse et où de nouvelles menaces apparaissent chaque jour, aucune entreprise ne peut se dispenser de lancer une telle démarche, même si matériellement elle investit peu, sous peine d'avoir à subir de graves conséquences au moment où elle s'y attendra le moins ou à la première crise importante survenant dans son environnement.

Cette démarche, à renouveler au moins une fois par an, s'élabore à partir de l'analyse stratégique globale de l'entreprise et peut comporter les étapes suivantes, détaillées dans les sections ci-dessous.

Analyse des enjeux liés au patrimoine

Il s'agit de se demander quels sont les enjeux patrimoniaux de l'entreprise. Pour ce faire, il faut :

- commencer par recenser les éléments sensibles :
  - matériels et immatériels (base de données, procédé de fabrication, recherche, projet d'accord, image, compétence clé, etc.),
  - par fonction : les fonctions sensibles par nature comme la stratégie, la recherche, la production, le marketing, l'informatique, le secrétariat, les ventes, mais aussi toutes les autres fonctions, telles que le soutien, car elles recèlent également des éléments patrimoniaux en propre ou obtenus par déduction ou recoupement,
  - par activité (visite, salon, déplacement, négociation, réunion, etc.),
  - au regard de critères élaborés par elle-même, provenant de son positionnement stratégique et de sa vision d'avenir,
- évaluer les conséquences d'une atteinte portée à chacun de ces éléments de patrimoine : coûts, délais, répercussions (sur d'autres fonctions de l'entreprise, sur les clients, etc.),
- hiérarchiser les enjeux en fonction de leur importance.

Cette première étape doit être accomplie au sein de l'entreprise : c'est la seule à ne pas pouvoir être externalisée, même partiellement.

Analyse des vulnérabilités patrimoniales

Sachant quelles sont les pépites à protéger, l'entreprise peut alors procéder à une analyse de ses vulnérabilités : pour chaque élément sensible, ou pour chaque activité, l'entreprise étudie l'existence et le niveau de la protection mise en place (moyens, procédures, vérifications, périodicité, coût, etc.).

Elle en déduit les domaines dont la vulnérabilité est plus ou moins critique. Partant, elle dispose des éléments permettant de bâtir un plan d'action, en ayant identifié les vulnérabilités résiduelles sur lesquelles il faut faire porter en priorité les efforts.

Cette étape, comme la suivante, peut être conduite avec l'appui d'un cabinet externe pour fournir, si nécessaire, une expertise technique ou pallier une insuffisance en disponibilité de ressources humaines. Elle nécessite néanmoins la participation active de l'entreprise à chaque étape, car elle seule possède la connaissance de son environnement.

Analyse des menaces

À partir des menaces générales issues de son analyse stratégique globale, l'entreprise déduit les éventuelles menaces particulières pouvant s'exercer sur son patrimoine, de façon permanente ou occasionnelle, et qui s'ajoutent aux menaces générales pesant sur toute organisation (vol, piratage du système d'information, introduction de virus, etc.).

Ces menaces peuvent être hiérarchisées, par exemple selon la probabilité d'occurrence ou par gravité.

Comparaison vulnérabilités/menaces

Cette étape consiste à mettre en regard les vulnérabilités identifiées avec les menaces pesant sur l'entreprise pour déterminer le niveau de risque pesant sur chaque élément sensible.

Les risques peuvent provenir d'actions internes volontaires ou non (négligences) ou externes.

Cela fournit une matrice des risques, classés par ordre de priorité.

Cette matrice permet de consolider le plan d'action en injectant là où les risques sont les plus élevés les ressources humaines (formation, sensibilisation, contrôle, audit, etc.) et financières que l'entreprise peut consacrer à sa protection.

ÉLÉMENTS DU PATRIMOINE	MENACES	VULNÉRABILITES	RISQUES	ENJEUX
Protection des personnes				
Mesures de contrôle des accès	*Piratage des badges*	*Fort*	*Élevé*	*Faible*
Ressources humaines	*Débauchage*	*Moyen*	*Faible*	*Moyen*
Installations et équipements				
Sites et locaux	*Intrusion*			
Produits et matériels	*Contrefaçon*			
Patrimoine immatériel	*Piratage*			
Documentation	*Copie*			
Matériel informatique	*Vols*			
Systèmes d'information				
Réseaux	*Virus*			
Serveurs	*Intrusion*			
Installations téléphoniques	*Interception*			
Données	*Compromission*			
Dispositions occasionnelles				
Déplacements extérieurs	*Vols*			
Communications publiques	*Indiscrétions*			
Négociations	*Indiscrétions*			

Figure 10 – Exemple de matrice d'évaluation des risques

La matrice des risques permet à l'entreprise d'adopter l'organisation qui lui paraît la plus adaptée à son activité, comprenant les éléments définis dans les paragraphes supra :

– les dispositions ;
– les actions de formation et de sensibilisation ;
– les dispositions de contrôle et d'audit.

Élaboration d'une politique

L'entreprise élabore une politique adaptée de protection de son patrimoine en définissant :
- les objectifs généraux ;
- les responsabilités des acteurs ;
- les obligations légales particulières ;
- les droits et devoirs du personnel ;
- les compétences requises ;
- le niveau des ressources humaines et matérielles ;
- la répartition des tâches et le recours éventuel aux prestations extérieures ;
- les actions à mener en cas d'atteinte à l'intégrité du patrimoine ;
- la périodicité des actions principales à mener : bilan, plan d'action, etc. ;
- la politique de contrôle et d'audit.

Synthèse et mise en place d'une organisation

Les ordres de grandeur évoluent notamment en fonction de la sensibilité du secteur d'activité de l'entreprise, du volume et de la diversité de ses relations extérieures, de sa dispersion géographique, de son effectif, de l'importance et de l'architecture de son système d'information, aussi le tableau ci-contre (figure 11) est-il soumis à titre indicatif :
- Coût :
  - Faible : <1 000 €
  - Moyen : de 1 000 € à 10 000 €
  - Fort : > 10 000 €
- Humain (charge de travail interne à l'entreprise) :
  - Faible : 1 journée homme/an
  - Moyen : 2 à 5 journées homme/an
  - Fort : > 5 journées homme/an
- Risque :
  - Faible : action qui, si elle n'est pas menée, génère peu de risques
  - Moyen : sans action, risques sur les fonctions non stratégiques
  - Fort : sans action, risques graves sur les fonctions stratégiques
- Facilité de mise en œuvre :
  - Facile : faisable sans formation particulière
  - Moyen : requiert des conseils ou une formation particulière
  - Complexe : nécessite une expertise confirmée

ACTIONS	COÛT	HUMAIN	RISQUE	FACILITÉ DE MISE EN ŒUVRE
Analyse stratégique	Faible	Moyen	Fort	Facile
Élaboration d'une politique	Faible	Moyen	Fort	Moyen
Définition d'une organisation	Faible	Faible	Fort	Moyen
Dispositions permanentes	Fort	Moyen	Fort	Moyen
Protection des personnes	Faible	Moyen	Fort	Facile
Mesures de contrôle des accès	Faible	Moyen	Fort	Facile
Dispositions contractuelles	Faible	Moyen	Moyen	Moyen
Personnel extérieur	Faible	Faible	Fort	Facile
Installation et équipements	Fort	Moyen	Moyen	Moyen
Sites et locaux	Fort	Faible	Fort	Facile
Produits et matériels	Faible	Moyen	Fort	Moyen
Patrimoine immatériel	Faible	Fort	Fort	Complexe
Documentation	Faible	Moyen	Moyen	Facile
Matériel informatique	Moyen	Fort	Fort	Complexe
Sécurité des systèmes d'information	Moyen	Fort	Fort	Complexe
Politique	Faible	Moyen	Moyen	Moyen
Organisation	Faible	Faible	Fort	Moyen
Protection de l'information	Moyen	Fort	Fort	Complexe
Supervision / administration	Moyen	Fort	Fort	Complexe
Dispositions de contrôle	Moyen	Moyen	Moyen	Facile
Disposition de formation et de sensibilisation	Moyen	Moyen	Moyen	Facile
Dispositions occasionnelles	Faible	Moyen	Fort	Facile
Visites	Faible	Faible	Moyen	Facile
Personnel extérieur	Faible	Faible	Fort	Facile
Salons	Faible	Faible	Fort	Facile
Déplacements extérieurs	Faible	Faible	Moyen	Facile
Communications publiques	Faible	Faible	Moyen	Facile
Négociations	Faible	Moyen	Fort	Moyen
Incident ou attaque	Moyen	Moyen	Fort	Moyen
Dispositions de contrôle	Moyen	Moyen	Fort	Moyen
Juridiques	Moyen	Faible	Fort	Moyen
Organisationnelles	Faible	Faible	Moyen	Facile
Techniques	Moyen	Fort	Fort	Moyen
Dispositions de formation et de sensibilisation	Moyen	Moyen	Moyen	Facile
Formation	Moyen	Faible	Moyen	Moyen
Sensibilisation	Faible	Fort	Fort	Facile

Figure 11 – Gestion des risques : matrice d'évaluation des moyens à mettre en œuvre

Les ordres de grandeur sont fixés pour l'exécution des tâches récurrentes du ressort de l'entreprise, en ne tenant pas compte des éventuels recours à des assistances extérieures, notamment pour mener expertises et contrôles, ni des phases de mise en place initiale des dispositions de protection du patrimoine, naturellement plus gourmandes en investissements financiers et humains.

Pour les actions occasionnelles, les niveaux indiqués concernent chaque événement pris isolément. La fréquence de l'événement multiplie donc en proportion l'investissement.

En SSI, les coûts sont fixés à l'unité et doivent être multipliés par le nombre de systèmes mis en œuvre et d'équipements détenus. Les investissements de sécurité doivent cependant être considérés comme une police d'assurance en gardant à l'esprit que les premières causes de la fuite des données sont la négligence interne et la porosité des systèmes d'information.

Agir avec la méthode MADIE®

La méthode MADIE®

→ Comprendre les enjeux, le positionnement et les résultats attendus d'une méthode d'aide à la décision par l'intelligence économique.

Centre de gravité : le centre de gravité définit ce qui fait la force de l'entreprise. Ce peut être une logistique performante, un directeur de production excellent mais proche de la retraite, un réseau de distribution, un homme clé dans l'organisation, le fournisseur d'un composant...

Conditions impératives de succès : les conditions impératives de succès sont la somme des éléments indispensables à l'atteinte de l'état final recherché.

Directive initiale du dirigeant : formulation claire de l'objectif que le dirigeant souhaite atteindre.

État final recherché (EFR) : l'état final recherché (EFR) décrit en termes opérationnels et mesurables la position stratégique visée par l'entreprise qui découle de la directive initiale du dirigeant.

Espace cryptique : groupe restreint de personnes choisies (internes ou externes à l'entreprise) dans lequel l'information confidentielle est échangée librement.

Information stratégique : information captée susceptible de remettre en question ou d'orienter la stratégie de l'entreprise. Information que l'entreprise doit absolument protéger.

Introduction

MADIE® (Méthode d'aide à la décision par l'intelligence économique) permet aux dirigeants de PME d'adapter en permanence leur stratégie par une capture et une exploitation des informations stratégiques, de rendre leur organisation plus agile et opportuniste.

Cette méthode s'adresse aux entreprises souhaitant relier l'intelligence économique au pilotage stratégique et opérationnel pour :

- une meilleure capacité d'anticipation ;
- une vision objective de leur environnement.

La méthode MADIE® s'est construite à partir de nos expériences respectives, mais aussi par :

- l'analyse, la comparaison et la synthèse des méthodes militaires (Mars : Méthode interarmées d'appréciation et de raisonnement sur une situation militaire, Medo : Méthode d'élaboration d'une décision opérationnelle, MPO : Méthode de planification opérationnelle), les méthodes de planification stratégiques et de conduite des opérations utilisées en entreprise, les travaux de recherche en cours ;
- le recoupement de nos connaissances et pratiques dans la planification stratégique ;
- la sélection des bonnes pratiques.

Nous avons ensuite accroché la démarche au plan stratégique, au pilotage opérationnel, à la veille et à la protection.

Positionnement

La méthode d'intelligence économique que nous proposons vient en complément du plan stratégique de l'entreprise.

Notre postulat de départ est que la stratégie de l'entreprise est définie et connue.

Elle permet de définir, à partir d'informations décisives, un état final recherché et la façon d'y parvenir, puis de concevoir rapidement un plan d'action en balisant bien le périmètre d'intervention.

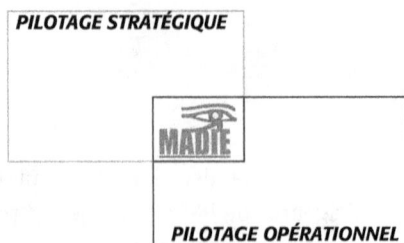

Figure 12 – Positionnement de la méthode MADIE®

Sa mise en œuvre commence dès l'identification par le dirigeant d'une opportunité ou d'une menace critique au regard de sa stratégie.

La maîtrise des informations stratégiques est donc un préalable indispensable.

Nous nous appuyons sur des concepts qui servent à fixer un référentiel commun aux acteurs concernés dans l'entreprise : centre de gravité, état final recherché, modes d'action des parties prenantes, conditions impératives de succès, points décisifs, lignes/plan d'opérations.

Objectifs de la méthode et résultats attendus

Les objectifs principaux de cette méthode, qui s'adresse à tout dirigeant conscient qu'il est possible d'agir sur le cours des choses, sont de :

- comprendre, analyser, anticiper et entreprendre les actions adéquates sur un marché mondial soumis à la fois à une concurrence impitoyable et à des mutations très rapides (A. Juillet) ;
- apporter une aide au pilotage de l'action.

> Environ 47 % des sociétés françaises du secteur des technologies de l'information et de la communication créées entre 1998 et 2001 ont été vendues à des sociétés étrangères.

La méthode MADIE® est facile et rapide à mettre en œuvre, peu coûteuse, adaptable à toute taille de société et ne doit pas paralyser l'action par une analyse trop lourde, pour donner les moyens d'agir vite et bien.

Au travers de la démarche proposée, l'entreprise pourra se mettre dans une posture permanente de guet pour extraire l'essentiel de la masse d'informations disponibles et anticiper plutôt que de subir son environnement.

Il s'agit enfin de développer un mode de management participatif au sein des entreprises pour une implication forte des salariés dans :

- la collecte et le traitement de l'information ;
- la protection de l'information ;
- une culture forte du capital immatériel (savoir, savoir-faire, apport en intelligence).

Les résultats attendus pour les dirigeants et donc leur entreprise sont les suivants :

- limiter les risques dans la prise de décision ;
- anticiper les tendances, les ruptures et les attentes des clients et des marchés pour orienter plus finement sa R&D et le développement des offres ;
- se positionner très en amont des opportunités d'affaires et accroître ses parts de marché ;
- protéger ses savoir-faire, ressources clés, marchés clés ;
- intégrer des connaissances pour développer sa capacité à innover.

Quelle que soit la taille des entreprises, qu'elles agissent régionalement ou plus largement, tous les secteurs d'activité sont concernés.

Les sept étapes de MADIE®

→ Avoir une vue d'ensemble de la méthode, de la naissance au bilan.

Espace cryptique : groupe restreint d'individus (internes ou externes à l'entreprise) dans lequel l'information confidentielle est échangée librement.

État final recherché : il décrit où je veux être, à quelle échéance afin d'atteindre tel objectif.

Signal faible ou pertinent : information captée qui, bien exploitée, est décisive dans le bon déroulement de la stratégie de l'entreprise, voire de son développement.

Information décisive ou stratégique : information susceptible de remettre en question ou d'orienter la stratégie de l'entreprise.

Conditions impératives de succès : les conditions impératives de succès sont la somme des éléments indispensables à l'atteinte de l'état final recherché.

Tactique : la tactique est la déclinaison opérationnelle de la stratégie et décrit le mode d'action pour aller d'une situation initiale à un état final recherché.

MADIE® : démarche générale

La méthode MADIE® est déroulée à partir de la détection d'une information susceptible de remettre en question ou d'orienter la stratégie de l'entreprise. Son objectif est de définir un plan d'action aboutissant à un état final recherché en limitant le risque dans la décision par une alimentation permanente en recherche de renseignements.

Le cheminement, de la détection de l'information décisive jusqu'à l'évaluation des résultats obtenus, suit sept étapes :

– étape 1 : naissance d'une idée d'action suite à la capture d'une information décisive ;

– étape 2 : qualification et recoupement des informations captées par une recherche ciblée de renseignements ;

– étape 3 : décision d'action du dirigeant et initialisation par l'émission d'une directive ;

– étape 4 : création d'un espace cryptique pour analyse de l'environnement et transformation de la directive initiale du dirigeant en état final recherché (EFR) avec identification des conditions impératives de succès. Décision de continuer ou d'arrêter le projet par le dirigeant ;

– étape 5 : choix de la tactique, rédaction du plan d'action et déclinaison de l'état final recherché en objectifs opérationnels sous forme de lettre de mission ;

– étape 6 : mise en œuvre et suivi du plan d'action ;

– étape 7 : atteinte ou non de l'état final recherché et bilan.

Tout au long de la démarche, les acteurs sont alimentés par des informations essentielles à l'atteinte de l'état final recherché.

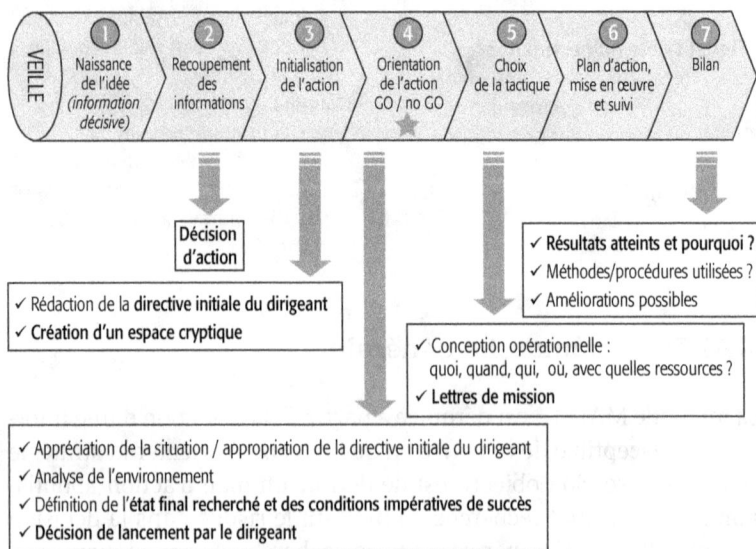

Figure 13 – Les sept étapes de la méthode MADIE®

Les livrables

Chaque étape de MADIE® s'appuie sur des documents et donne lieu à des livrables, que vous pourrez vous approprier lorsque vous mettrez MADIE® en pratique au sein de votre organisation.

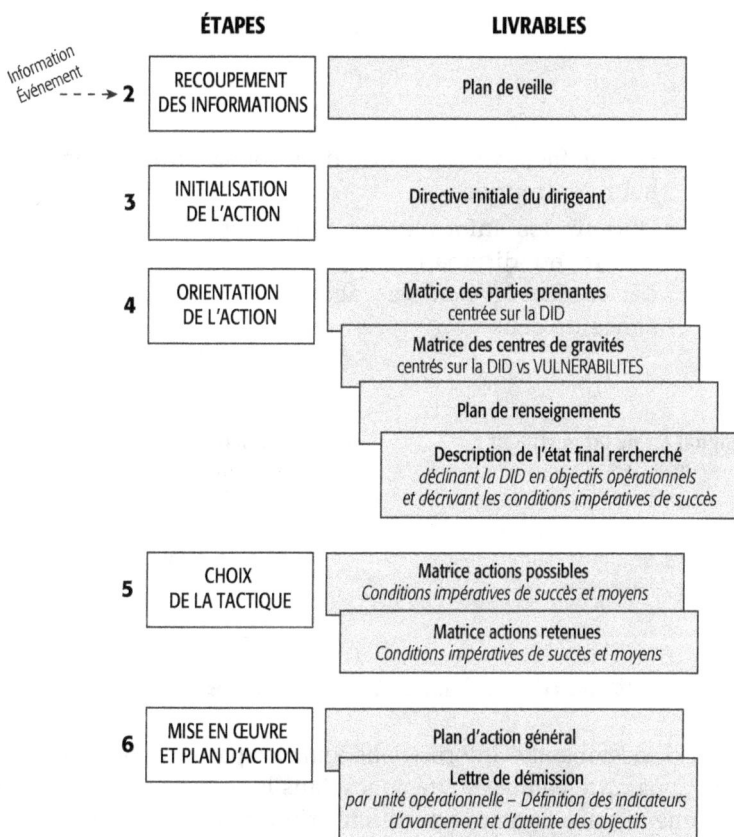

ÉTAPES	LIVRABLES
2 RECOUPEMENT DES INFORMATIONS	Plan de veille
3 INITIALISATION DE L'ACTION	Directive initiale du dirigeant
4 ORIENTATION DE L'ACTION	Matrice des parties prenantes centrée sur la DID
	Matrice des centres de gravités centrés sur la DID vs VULNERABILITES
	Plan de renseignements
	Description de l'état final rercherché déclinant la DID en objectifs opérationnels et décrivant les conditions impératives de succès
5 CHOIX DE LA TACTIQUE	Matrice actions possibles Conditions impératives de succès et moyens
	Matrice actions retenues Conditions impératives de succès et moyens
6 MISE EN ŒUVRE ET PLAN D'ACTION	Plan d'action général
	Lettre de démission par unité opérationnelle – Définition des indicateurs d'avancement et d'atteinte des objectifs

Information Événement ‑ ‑ ‑ → **2**

Figure 14 – Les livrables de la méthode MADIE®

Étapes 1 et 2 : la décision d'action du dirigeant et la recherche ciblée de renseignements

➡ Réagir face à une information jugée stratégique pour l'entreprise.

➡ Obtenir les informations pertinentes pour permettre au dirigeant de prendre la décision de déclencher ou non une action en toute connaissance de cause.

Signal faible ou pertinent : information captée qui, bien exploitée, est décisive dans le bon déroulement de la stratégie de l'entreprise, voire de son développement.

Information décisive ou stratégique : information susceptible de remettre en question ou d'orienter la stratégie de l'entreprise.

La détection d'une information stratégique

Parmi l'ensemble des informations fournies par la veille, certaines vont apparaître comme stratégiques dans le sens où elles représentent une menace ou une opportunité critique pour l'entreprise.

Ces informations stratégiques peuvent être de diverses natures :

- réglementaire, comme l'interdiction d'un composant utilisé par l'entreprise ;
- commerciale, par exemple le dépôt de bilan d'un concurrent important ;
- technologique avec un nouveau brevet chez un concurrent qui crée une rupture complète dans son secteur d'activité ;
- ressources humaines : départ d'un collaborateur clé ;

– sociétale, comme par exemple la demande de produits « développement durable » chez beaucoup de consommateurs.

Une information stratégique amène en général le dirigeant à décider de mener une action s'il estime les enjeux importants.

Pour se conforter, il doit recouper/enrichir l'information qui est à l'origine de sa décision avant de se lancer, et pour cela déclencher une recherche ciblée de renseignements complémentaires.

Cela suppose auparavant de vérifier :

– la fiabilité estimée de l'information d'origine ;

– la faisabilité d'une telle démarche : moyens, coûts, compétences ;

– le délai maximum disponible en évaluant le compromis : risque d'erreur/temps.

En résumé, lorsque l'information est critique et non accessible directement, il est impératif de valider – ou d'invalider – cette information pour se positionner. Vous devez donc déclencher un cycle de renseignement.

La recherche ciblée de renseignements

La méthode en huit phases proposée pour cette recherche s'inspire directement du cycle en vigueur dans les services de renseignements.

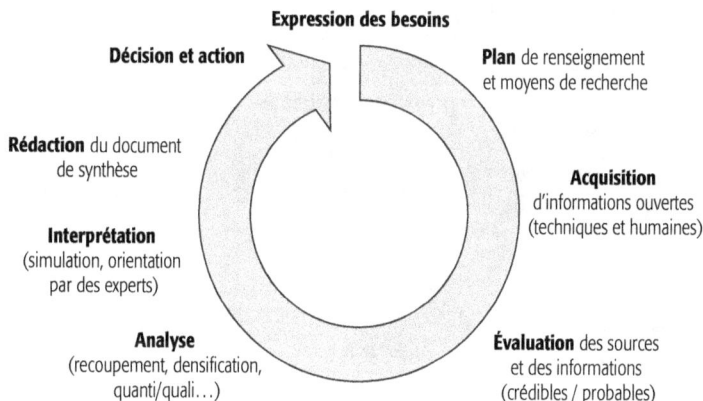

Expression des besoins

Décision et action

Plan de renseignement et moyens de recherche

Rédaction du document de synthèse

Acquisition d'informations ouvertes (techniques et humaines)

Interprétation (simulation, orientation par des experts)

Analyse (recoupement, densification, quanti/quali…)

Évaluation des sources et des informations (crédibles / probables)

Figure 15 – Les phases du cycle de renseignement

L'application rigoureuse des éléments méthodologiques du cycle de renseignement est le garant de la fiabilité des connaissances obtenues.

Idéalement, pour éviter des *a priori* et des conclusions hâtives, il est recommandé de confier la collecte et l'analyse des informations à des personnes différentes.

Phase 1. L'expression du besoin

Si la décision est prise de déclencher un cycle de renseignement, il convient dans un premier temps de préciser le cadre de recherche :

- définir précisément le renseignement recherché en cernant le périmètre et en décomposant éventuellement en plusieurs questions ;
- évaluer les contraintes, les risques pouvant résulter de la recherche (indiscrétions, etc.), le tempo envisageable, etc. ;
- proposer la tactique qui paraît la plus adaptée au type de renseignement recherché (Internet, interview…) : l'entreprise doit voir d'abord s'il est possible de recourir à l'interne. Si cela s'avère impossible, envisager de recourir à une assistance ;
- écrire le plan d'action de recherche en reprenant tous les détails et la proposition de méthode choisie ;
- faire valider par les responsables.

Le principe étant validé par la direction, il est alors possible d'établir un cahier des charges pour la recherche qui fixera précisément le cadre des attentes.

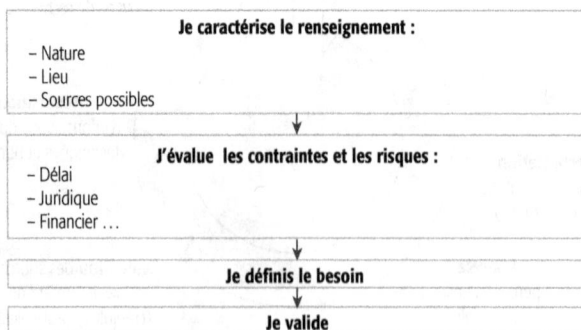

Je caractérise le renseignement :
- Nature
- Lieu
- Sources possibles

J'évalue les contraintes et les risques :
- Délai
- Juridique
- Financier …

Je définis le besoin

Je valide

Figure 16 – L'expression du besoin

Phase 2. Plan de renseignement et moyens de recherche

Un plan d'action de recherche est élaboré pour chaque renseignement :

- un responsable est désigné, interne ou externe (si la recherche est confiée à un organisme spécialisé) ;
- un tempo est défini, qui doit correspondre aux échéances requises par le plan d'action au profit duquel la recherche est initiée.

Il s'agit de décrire :

- les sources possibles (Internet, salon, société, personne) ;
- les moyens d'action pour chaque source (entrevue, paramétrage d'un logiciel, veille de tel site ou de tel forum, enquête auprès d'une organisation, etc.) ;
- les ressources allouées, financières ou humaines.

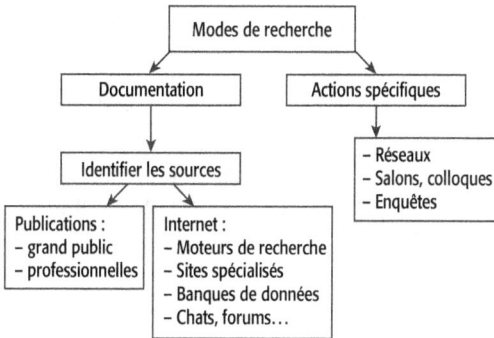

Figure 17 – La recherche ciblée

En général, les informations nécessaires sont déjà disponibles au sein de l'entreprise en provenance des services Marketing, Ventes, Recherche & Développement, Achats... et Cellule Veille si elle existe.

Pour des situations où l'enjeu est important, un recours à des cabinets professionnels peut s'avérer nécessaire.

QUI ?		
– RENS1	Responsable le mieux placé	acteurs (ex : commerciaux)
– RENS2	Responsable le mieux placé	acteurs (ex : partenaires)

QUAND ?		
– RENS1	Début	Délai	Date limite
– RENS2	Début	Délai	Date limite

COMMENT ?		
– RENS1	Source	Moyen	Ressource
– RENS2	Source	Moyen	Ressource

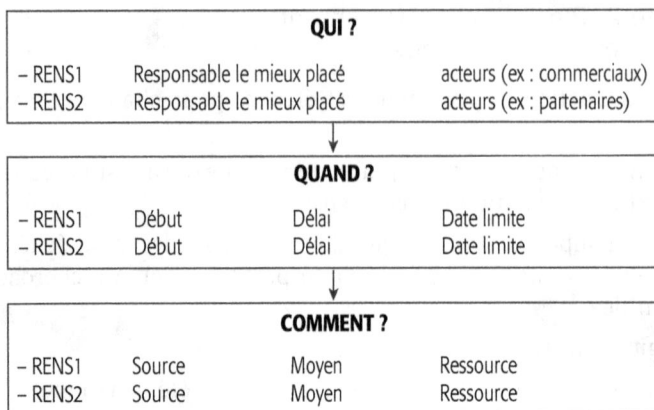

Figure 18 – Le plan d'action

Le plan d'action étant défini, on peut passer à la phase de recherche effective : l'acquisition du renseignement.

Phase 3. L'acquisition de renseignements

L'investigation des sources de façon ciblée peut se faire en utilisant notamment les techniques exposées dans la partie veille.

Plus il y aura de sources indépendantes qui apporteront une réponse, plus le renseignement sera consolidé.

Il convient d'abord d'exploiter toutes les sources internes (documents, mémoire collective, interviews des collaborateurs, etc.), puis de compléter et/ou confirmer la recherche sur les sources externes, en gardant toujours à l'esprit les délais impartis.

Il faut également chercher à recouper les informations en croisant les sources de façon indépendante.

En cas d'impossibilité d'obtenir l'information par les moyens propres à l'entreprise, il faut s'adresser à un organisme spécialisé.

Ce cycle est à renouveler pour chaque renseignement figurant au plan de recherche.

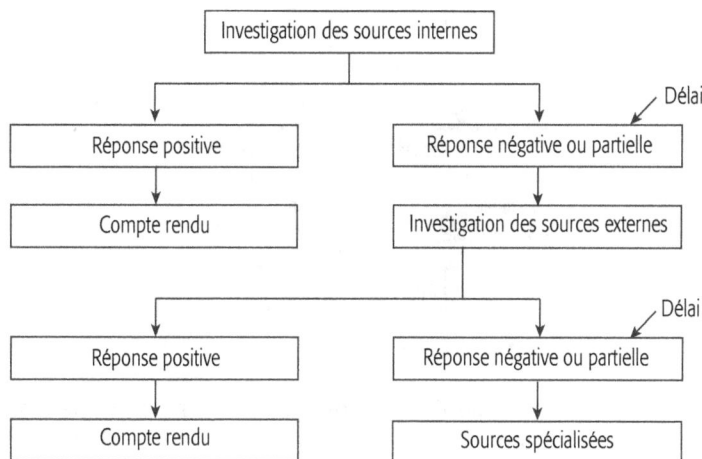

Figure 19 – L'acquisition de renseignements

Une fois l'acquisition définie, on passe à la phase d'évaluation.

Phase 4. L'évaluation

Il s'agit d'évaluer la fiabilité des informations récoltées par des critères à établir :

- en fonction de la qualité de la source :
  - personne de confiance, institution gouvernementale, etc.,
  - nombre de sources indépendantes donnant la même information.
- en fonction de la crédibilité de l'information elle-même :
  - information objective,
  - information recoupée, pertinence, etc.,
  - confirmer des signaux faibles : il s'agit d'un faisceau de plusieurs informations diffuses ou imprécises émanant de sources diverses qui peuvent laisser penser à l'émergence d'une tendance de fond, de nouvelles attentes ou comportements, à la diffusion d'une rumeur, etc.,
  - ne pas engager des ressources sur une fausse piste.

Cette évaluation permet de donner une appréciation globale sur la qualité du renseignement obtenu. Notez que ce processus est à renouveler pour chaque renseignement figurant au plan de recherche.

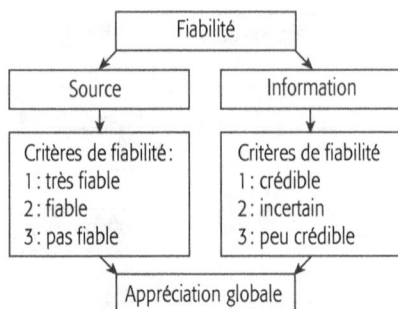

Figure 20 – Évaluation du renseignement

Une étape essentielle de l'évaluation consiste à recouper les informations recueillies pour se prémunir des fausses intuitions ou des rumeurs.

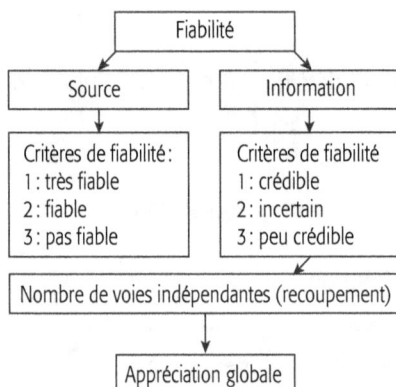

Figure 21 – Recoupement du renseignement

Une fois ce travail achevé, le renseignement est analysé.

Phase 5. L'analyse

L'analyse passe par une caractérisation, c'est-à-dire un récapitulatif des éléments objectifs obtenus concernant le renseignement demandé :

- fiabilité ;
- éléments quantitatifs ;
- éléments qualitatifs ;
- éléments de localisation ;

- organismes, personnes impliquées ;
- pertinence ;
- contradictions ;
- incohérences.

Phase 6. L'interprétation

L'interprétation a pour objet de tirer toutes les conséquences sur le plan d'action prévu du renseignement obtenu :
- déductions ;
- conséquences ;
- hypothèses ;
- scénario ;
- confirmations ;
- vérifications complémentaires éventuelles.

Cette analyse permet de rédiger le document de synthèse pour présenter le résultat de la recherche aux décideurs.

Phase 7. La synthèse

Cette étape de synthèse présente toutes les conséquences du renseignement obtenu sur le plan d'action. Les résultats sont communiqués aux commanditaires pour compléter leur connaissance du sujet et fonder leurs décisions.

Le document de synthèse rédigé lors de cette étape doit fournir l'interprétation des renseignements obtenus par le cycle et doit notamment faire ressortir :
- les éléments sûrs ;
- les éléments obtenus à partir de déductions ou d'hypothèses ;
- les opportunités, contraintes et impacts sur le plan d'action ;
- les préconisations.

Ce document doit permettre de prendre une décision :
- sur la poursuite ou non du plan d'action ;
- sur sa réorientation éventuelle ;
- sur la nouvelle priorisation des tâches ;
- sur la nécessité de réactualiser le tempo.

Phase 8. La décision et l'action

Cette étape marque la fin du cycle.

L'entreprise doit se préoccuper de l'archivage des renseignements obtenus.

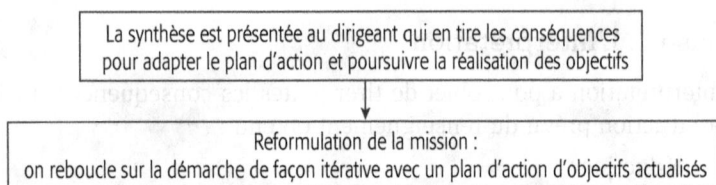

La synthèse est présentée au dirigeant qui en tire les conséquences pour adapter le plan d'action et poursuivre la réalisation des objectifs

Reformulation de la mission :
on reboucle sur la démarche de façon itérative avec un plan d'action d'objectifs actualisés

Dès lors que l'information stratégique est considérée comme étant fiable, le dirigeant est à même de formuler une directive initiale, précisant clairement l'objectif qu'il souhaite atteindre en réaction à cette information stratégique.

Étape 3 :
la directive initiale du dirigeant

→ Formaliser en termes clairs l'intention ou l'intuition du dirigeant.

Directive initiale du dirigeant (DID) : formalisation de l'objectif que le dirigeant veut atteindre, en réaction à une information stratégique qu'il aura préalablement recoupée et validée.

Espace cryptique : groupe restreint d'individus choisis (internes ou externes à l'entreprise) dans lequel l'information confidentielle est échangée librement.

Conditions impératives de succès : les conditions impératives de succès sont la somme des éléments indispensables à l'atteinte de l'état final recherché.

Définition

La directive initiale du dirigeant est la formalisation de l'objectif que le dirigeant veut atteindre, en réaction à une information stratégique qu'il aura préalablement recoupée et validée.

Le document

Le dirigeant précise sa décision par le document suivant :

DIRECTIVE INITIALE DU DIRIGEANT

➢ Compte tenu de l'information à ma disposition
Liste des informations et sources pour contrôle et recoupement
➢ Compte tenu de ma stratégie = *Mission statement*
➢ Je dois réagir parce que **cette information** est vitale pour mon entreprise
Remise en cause de mon positionnement, de mes offres de produits / services …
➢ Où je souhaite être ? = *Positionnement / offre…*
➢ À quelle échéance ?
➢ Afin de = *Résultat quantifiable*
➢ Et je veux être conforté dans mon idée à telle date
➢ Pour ce faire, je missionne des acteurs au sein d'un espace cryptique dédié

Figure 22 – Directive initiale du dirigeant

Cette formulation est importante car elle oblige le dirigeant à être concis et clair. C'est elle qui va servir de document de référence par la suite.

La constitution de l'espace cryptique

Le dirigeant va alors constituer un groupe de travail (l'espace cryptique, voir fiche 19) avec des personnes de l'entreprise et/ou des experts de l'extérieur, à même de l'aider à atteindre son objectif.

Le sujet étant critique et de nature stratégique, la confidentialité est indispensable, aussi ce groupe se constitue en espace cryptique et s'organise pour qu'aucune information ne puisse en sortir.

L'espace cryptique s'approprie la directive initiale du dirigeant.

Exemple de formulation d'une directive initiale du dirigeant

Compte tenu de l'information à ma disposition… Les élections présidentielles portent le risque d'un changement de la réglementation sur les marchés du placement et de conseil en accompagnement social de restructuration (ensemble des services jusqu'au reclassement) qui représentent 60 % de mon CA.

Compte tenu de ma stratégie : maintien de ma croissance de + 7 % du CA en 2007 et 2008.

Je dois réagir parce que cette information est vitale pour mon entreprise.

Selon les résultats des présidentielles et des législatives, la réglementation va changer ou se renforcer. Par exemple :
Ségolène Royal = diminution du placement et accroissement du reclassement.
Nicolas Sarkozy = accroissement du placement et diminution du reclassement.

Cela remet en cause le positionnement/dimensionnement de mes ressources et savoir-faire par rapport à mes offres de placement et de reclassement.

Où je souhaite être ? Avoir anticipé mes offres/savoir-faire/ressources et organisation pour être le premier à réagir face aux nouvelles réglementations. Avoir une stratégie d'influence construite en fonction des résultats des élections.

À quelle échéance ? En décembre 2007.

Afin de : tenir mes objectifs de CA en 2008 (résultat quantifiable).
Je veux être conforté et avoir un plan d'actions possibles dans mon idée à quelle date ? En juin 2007.

Actions possibles identifiées : missionner des acteurs au sein d'un espace cryptique dédié + créer un espace cryptique avec un expert de chaque domaine.

Créer un espace cryptique

→ Mettre en place un groupe projet qui a pour mission de décliner la directive initiale du dirigeant en tactique et en objectifs opérationnels.

Espace cryptique : groupe restreint d'individus (internes ou externes à l'entreprise) dans lequel l'information confidentielle est échangée librement.

État final recherché : l'état final recherché (EFR) décrit en termes opérationnels et mesurables la position stratégique visée par l'entreprise, qui découle de la directive initiale du dirigeant.

Tactique : la tactique est la déclinaison opérationnelle de la stratégie ; elle décrit le mode d'action pour aller d'une situation initiale à un état final recherché.

Caractéristiques de l'espace cryptique

L'espace cryptique créé sera en charge de collecter, qualifier et traiter les informations. En résumé, c'est le groupe de personnes en charge du projet de définition de l'état final recherché, de la tactique, du plan d'action et de son suivi.

Il est préférable que le dirigeant n'en fasse pas partie pour laisser libre cours à toute approche différenciée, mais il lui sera directement rattaché.

Il faudra bien définir le rôle de chacun au sein de cet espace cryptique pour être en permanence prêt à agir ou réagir, tout en évitant de transformer les managers en analystes à temps plein.

Si nécessaire, il pourra proposer des actions correctrices pour rendre l'organisation plus efficiente (par exemple l'externalisation de fonctions, la reconfiguration de la fonction marketing...).

Traitement des informations par l'espace cryptique

Pour une bonne collecte et un bon traitement des informations, il faut :

- mettre en place des ressources (guetteurs, moteur de recherche…) en charge de collecter de l'information ;
- mesurer la pertinence et la fiabilité les informations collectées ;
- consolider/recouper/synthétiser les informations au sein de l'espace cryptique ;
- évaluer les guetteurs et les informations collectées ;
- classifier les informations (stratégique, interne, publique) ;
- archiver des informations ;
- exploiter des archives ;
- communiquer sur les succès ;
- définir une politique de reconnaissance incitative à la collecte d'informations fiables et crédibles.

L'analyse de l'information recueillie

Idéalement, pour éviter des *a priori* et des conclusions hâtives, il est recommandé de confier la collecte et l'analyse des informations à des personnes différentes.

Pour des situations où l'enjeu est important, un recours à des cabinets professionnels peut augmenter la fiabilité de l'information.

Pour préserver ses propres données critiques, quelques précautions simples en interne dans le classement des documents et fichiers

> Une bonne information est une information recoupée.

(«secret», «diffusion restreinte»…) et des procédures de traitement adaptées peuvent éviter de s'exposer inutilement.

Étape 4 : analyse de la directive par l'espace cryptique

→ Comment s'approprier la directive initiale du dirigeant pour la transformer en objectifs opérationnels compréhensibles pour l'ensemble des collaborateurs.

Centre de gravité : le centre de gravité définit d'où l'entreprise tient sa force. Ce peut être une logistique performante, un homme clé dans l'organisation, le fournisseur d'un composant...

Conditions impératives de succès : somme des éléments indispensables à l'atteinte de l'état final recherché d'après les informations connues par l'entreprise. En d'autres termes, puis-je faire sans ?

Coopétiteur : un coopétiteur est un acteur de son marché avec qui l'on est tour à tour partenaire ou concurrent en fonction des intérêts de l'instant.

Vulnérabilité critique : c'est une faille possible par laquelle mes concurrents peuvent atteindre mon centre de gravité.

État final recherché (EFR) : l'état final recherché (EFR) décrit en termes opérationnels et mesurables la position stratégique visée par l'entreprise, qui découle de la directive initiale du dirigeant

Appréciation de la situation/appropriation de la directive du dirigeant

La première tâche du groupe est de bien apprécier la situation et d'analyser l'environnement.

Pour ce faire, il doit répondre aux questions suivantes :
- où l'entreprise souhaite-t-elle arriver, à quelle échéance, afin de ?
- quelles sont les parties prenantes ?
- quelles sont les forces ennemies (concurrents, lobbies, fournisseurs...) ?
- quelles sont les forces amies (partenaires commerciaux, fournisseurs...) ?
- quels sont les acteurs neutres (associations de consommateurs ou professionnelles, presse...) ?
- confrontation des capacités des forces en présence ?
- quelles sont les conditions impératives de succès ?

Identifier les parties prenantes

La première chose à faire est d'identifier les parties prenantes concernées par la directive initiale du dirigeant et de les qualifier en fonction de l'état final recherché.

On attribuera un score allant de – 5 à + 5 à chacun des acteurs susceptibles d'interférer dans l'atteinte de l'EFR en répondant aux deux questions suivantes :
- cet acteur est-il peu, pas ou très favorable à ce que j'atteigne l'EFR ?
- cet acteur est-il peu, pas ou très stratégique pour que j'atteigne l'EFR ?

Ainsi, dans une action de lobbying pour un changement de réglementation, un concurrent peut devenir un allié de circonstance.

Il en est de même des coopétiteurs, qui peuvent être des alliés de circonstance sur certaines affaires et des concurrents sur d'autres.

PARTIES PRENANTES	QUI	VIS-À-VIS DE L'EFR		NIVEAU DE MENACE	FORCES	FAIBLESSES	COMMEN-TAIRES
		FAVORABLE	STRATÉGIQUE				
Mon entreprise							
Concurrent 1							
Concurrent 2							
Concurrent 3							
Ami 1							
Ami 2							
Ami 3							
Acteur neutre 1							
Acteur neutre 2							
Acteur neutre 3							

Figure 23 – Matrice des parties prenantes

Pour mieux identifier les acteurs en présence, les membres de l'espace cryptique pourront les positionner sur le graphe suivant en fonction :

– de leur capacité à aider l'entreprise dans l'atteinte de l'EFR ;

– de leur capacité à contrer l'entreprise dans l'atteinte de l'EFR ;

– de leur importance stratégique dans l'atteinte de l'EFR.

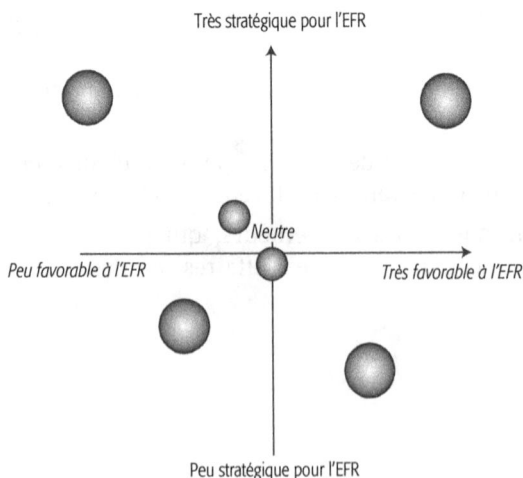

Figure 24 – Positionnement des parties prenantes en fonction de l'EFR

En fonction de l'état final recherché et des conditions impératives de succès, il est nécessaire de redéfinir ses partenaires (concurrents d'hier éventuellement) et ses nouveaux concurrents ou adversaires (lobbies, fournisseurs, etc.).

À partir de ce stade, la mise en œuvre d'une démarche de renseignement économique ciblée est indispensable (voir fiche 17).

Identifier les centres de gravité

Il faut ensuite identifier les centres de gravité et les vulnérabilités critiques de l'entreprise, de ses adversaires, de ses amis et des acteurs neutres.

Pour définir le centre de gravité à atteindre chez ses adversaires et concurrents, il faudra répondre aux questions suivantes, pour chacun d'eux :

- d'où tire-t-il sa force ? (hommes, brevets, processus de fabrication, sourcing, image…) ?
- est-ce que tout dépend de ce centre de gravité ?
- ce centre de gravité est-il capable de contrer notre action ?
- est-il accessible ?

Il s'agit également de protéger son propre centre de gravité des menaces probables pouvant gêner l'atteinte de l'état final recherché et donc d'identifier les vulnérabilités critiques.

Identifier les vulnérabilités critiques est primordial, car elles peuvent être la source d'un grand danger ou de formidables opportunités.

En 2008, une étude a révélé la toxicité du bisphénol A contenu dans les plastiques alimentaires et utilisé, entre autres, dans la fabrication des biberons.

Ce produit pourrait augmenter de 39 % le risque de pathologies cardio-vasculaires et de diabète de type 2, et être à l'origine de perturbations enzymatiques hépatiques. Par principe de précaution, le réseau environnement santé (RES) a appelé toutes les mairies à ne plus commander de biberons contenant du bisphénol A.

Cette information peut être, pour un fabricant de biberons en verre, décisive pour éliminer un concurrent, voire créer une certaine confusion quant à l'image des biberons en plastique.

Autre exemple, les biscuits Taillefine positionnés sur le créneau de « l'allégé » ont été vendus par le groupe Danone en 2007 à Kraft Jacob. En 2008, alors que le marché des biscuits croissait de 2 %, l'allégé perdait 10 %.

On peut se demander si Danone, prenant conscience que le centre de gravité de la marque était son positionnement et mesurant la modification des comportements alimentaires (d'une logique de restriction vers une alimentation équilibrée), n'a pas décidé que la vente était la meilleure solution.

Les membres de l'espace cryptique pourront orienter leur réflexion en s'aidant de la matrice ci-après (figure 25).

Cette matrice est illustrée par le cas réel, simplifié pour l'exemple, d'une PME qui a réussi à acquérir un des leaders européens de son secteur d'activité six fois plus gros qu'elle dans la distribution d'aciers inoxydables et d'alliages de nickel.

Directive initiale du dirigeant
Mon chiffre d'affaires a baissé de 40 %, comme celui de mes concurrents. J'ai décidé de renforcer ma stratégie basée sur un mode de distribution inspiré des méthodes de la grande distribution : acheter au travers d'une centrale d'achat avec un écoulement s'appuyant sur des franchisés.

Je viens d'apprendre que le groupe XMetal, au capital très émietté, connaissait quelques difficultés dans la tenue de ses engagements auprès de ses banques. Son rachat me permettrait de démultiplier ma stratégie rapidement.

Je souhaite avoir un plan d'action d'ici un mois afin de savoir si cela est possible, dans quelles conditions et selon quel mode opératoire.

Dans la matrice qui suit, les différentes actions possibles sont résumées par typologie d'acteurs (amis, ennemis, neutres).

L'action retenue s'est jouée sur Internet par une campagne de communication parfaitement orchestrée à laquelle est venue s'ajouter une action auprès du pull bancaire de XMetal.

Le résultat a été une prise de contrôle de plus de 30 % par la PME du groupe visé et une entrée de ce fait dans la gouvernance.

Nous remarquons que l'identification du centre de gravité et des vulnérabilités critiques permettant de l'atteindre est prépondérante.

| | Ami Ennemi Neutre par rapport à la DID | Par rapport à la DID | | Par rapport à la DID (Actions possibles) | | Eux | | Nous | Acteurs | |
		Centre de gravité par rapport à la DID	Vulnérabilité du CDG	Rôle : – actif – observateur – passif	Impact potentiel : – fort (+5) – neutre (0) – faible (-5)	Actions	Facteur temps	Actions	Chez eux	Chez nous
Entreprise		Capital verrouillé Endettement faible	Faible					OPA sur la société XMetal. Rachat du flottant par un intermédiaire. Achat direct du flottant en faisant connaître notre stratégie en s'appuyant sur les réseaux sociaux et Internet.		PDG DAF Conseil financier Banquier Actionnaires Conseil en communication
Concurrent 1	Ennemi	Réseau européen de distribution solide	Actionnariat émietté Endettement fort	Actif	Fort	Renégociation de la dette auprès des banquiers	1 à 2 mois	Action de la communication ciblée sur leur actionnariat flottant	Actionnaires	Sté de communication PDG
Concurrent 2	Neutre	Réseau européen de distribution	Stock pléthonique et déprécié Endettement fort	Passif	Neutre	Aucune				
Concurrent 3	Neutre	Forte implantation dans la chimie et l'agroalimentaire	Ralentissement sans précédent des commandes de l'industrie chimique	Passif	Neutre	Aucune				
Banque X	Ami	A toujours suivi la PME dans l'accompagnement de son développement	La crise financière a diminué ses capacités de prêts	Actif	Fort	Mobilisation d'un pool bancaire autour du projet de rachat	2 mois	Prouver et convaincre du bien-fondé de la stratégie – Si réussite du rachat, création d'un pool d'achats significatif et générateur de résultats dans un marché qui ne peut que redémarrer, si échec, revente des actions de XMetal avec une confortable plus-value	Direction régionale et nationale	PDF DAF
Banque Y	Neutre	Peu touché par la crise du système bancaire	Membre du pool bancaire de Dupont	Actif	Fort	Revoir les échéances avec des conditions avantageuses pour la banque Se désengager de XMetal	2 mois	Leur faire connaître l'avantage de sécuriser leurs engagements auprès de XMetal en faisant entrer un nouvel actionnaire	GestionnaireXMetal	Banque X
Fournisseur Z	Neutre	Producteur d'acier inox	Dégradation continue des ventes depuis 8 mois	Observateur	Faible	Aucune				

Figure 25 – Matrice des centres de gravité et des actions possibles

La sélection des actions

Les conclusions de l'espace cryptique sont remises au dirigeant, qui décide du mode d'action. Pour s'aider dans la sélection des actions, il est possible de se poser les questions suivantes :

– que sait-on faire ?

– à quel coût ?

– quelle est la réversibilité de l'action à entreprendre ?

– que se passera-t-il si je ne fais rien ?

– que font les autres acteurs ?

Il est également possible d'utiliser la grille de décision suivante (figure 26).

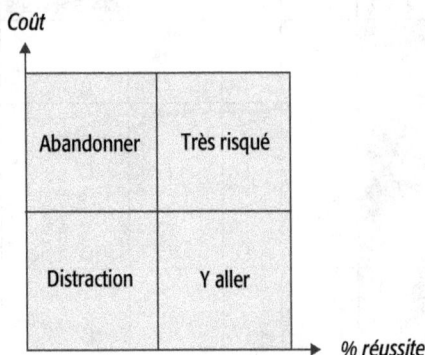

Figure 26 – Matrice de GO/No GO

Par cette grille, on compare les ressources à mettre en œuvre avec la probabilité de réussite. Ainsi, une action demandant un investissement démesuré avec un pourcentage de réussite faible est une distraction intellectuelle.

A contrario, si le coût est faible mais que l'action a de grandes chances d'aboutir aux résultats escomptés, alors il faut la tenter.

Choix de la tactique par l'espace cryptique

Le choix de la tactique ou du mode d'action pourra être actif (contournement, frontal) ou passif (protection). La tactique globale peut se décliner différemment et successivement selon les centres de gravité en présence et les obstacles à franchir.

Parmi les tactiques possibles on peut citer :

- l'affrontement : une solution possible lorsqu'il s'agit de faire changer de position un acteur bien identifié où le rapport de forces est favorable ;
- le contournement (évitement, esquive, neutralisation) : on maintient l'EFR en traçant une nouvelle trajectoire qui élude les obstacles identifiés ;
- le travail de sape : l'affaiblissement d'un centre de gravité adverse afin de convaincre l'acteur en question de consentir sa neutralité, ou mieux encore, son soutien ;
- l'alliance : le renforcement de sa position par le soutien actif d'un acteur disposant d'un centre de gravité clé ;
- la protection : le renfort temporaire ou permanent du dispositif de protection pour mieux protéger les vulnérabilités ;
- l'abandon : après avoir bien évalué le prix à payer pour atteindre l'EFR et compte tenu de l'enjeu, le dirigeant décide d'arrêter les frais.

Voici quelques exemples de mode d'action :

- contournement : acquisition d'un fournisseur clé ;
- frontal : bataille sur les prix, OPA ;
- évitement : repositionnement des offres (exemple : je ne vends plus des photocopieurs, mais du service pour gérer les documents et processus documentaires) ;
- protection : brevet.

Le mode d'action retenu

À ce stade, la mission peut être reformulée sous la forme d'un concept d'opération devant être compréhensible par l'ensemble de l'entreprise et qui sera synthétisé dans la matrice des actions retenues.

| | Centre de gravité | Désignation | Vulnérabilités | | Facteur temps (brevet, départ...) | Actions retenues |
| | | | Criticité | | | |
			Actif / passif	Fort / faible		
Entreprise	Réseau de distribution	Contrats de franchise	Passif	Fort	30 % du réseau en fin de contrat d'ici 12 mois	Proposer un nouveau contrat à tout le réseau
		Agents	Actif	Fort	Réassortiment fêtes de fin d'année dans 3 mois	
Concurrent 1	Fournisseur des mouvements de montres	Production entièrement sous-traitée	Actif	Fort	Doivent prendre des positions de commandes fermes 6 mois avant les livraisons	Passer des ordres de commandes fermes pour saturer le fournisseur de mouvements
		Directeur de la supply chain	Passif	Fort	Départ à la retraite dans 18 mois	
Concurrent 2	R&D	Présence en France faible	Passif	Faible	Nombreux nouveaux modèles très tendance en cours de lancement en Suisse	Lancer des modèles proches du concurrent 2 pourvus de mouvements du fournisseur du concurrent 1
		Contrat de distribution exclusive avec X	Passif	Faible	Fin du contrat dans 24 mois	Proposer un rapprochement/une fusion
Concurrent 3	Marque internationalement reconnue	Actionnaire majoritaire réputé pour ses acquisitions agressives	Actif	Faible	Nombreuses acquisitions possibles dans les 12 mois	Faire savoir que l'actionnaire majoritaire cherche à racheter les fournisseurs clés
Acteur neutre 1	Fédération des fabricants de montres : fournisseurs suisses de mouvements de montres	Président élu majoritairement par les fournisseurs clés	Passif	Faible	au plus tôt	
Acteur neutre 2	Instances représentatives du personnel : fort taux de syndicalisation chez les fournisseurs clés	Subissent les délocalisations et les fusions	Passif	Faible	2 mois	Faire savoir que l'actionnaire majoritaire du concurrent 3 cherche à racheter les fournisseurs clés pour les regrouper
Acteur neutre 3	Presse spécialisée : lectorat attaché à la diversité du R&D	Diminution du nombre des annonceurs	Passif	Faible	au plus tôt	Faire savoir que l'actionnaire majoritaire du concurrent 3 cherche à racheter les fournisseurs clés pour les regrouper

Figure 27 – Matrice des centres de gravité
et des actions retenues

Étape 5 : la lettre de mission

➤ Contractualiser les engagements entre le dirigeant, l'espace cryptique et les contributeurs

Pilote : personne nommée par le dirigeant au sein de l'espace cryptique pour établir le plan de convergence et piloter son exécution.

Plan de convergence : un enchaînement de résultats qui convergent vers l'EFR. Le plan est établi par le pilote et ratifié par l'espace cryptique.

Résultat : un livrable accompagné d'une preuve à produire à une échéance donnée. Un résultat constitue en quelque sorte un EFR intermédiaire. L'acceptation de la preuve par le pilote le rend définitif.

Preuve : les éléments qui permettent au pilote de constater l'obtention satisfaisante du résultat selon l'indicateur accepté.

Aux interfaces, le pilote transmet les éléments nécessaires au contributeur suivant.

Contributeur : personne qui accepte de produire un résultat sous certaines conditions. Cette personne peut s'entourer d'une équipe mais reste seule responsable. Elle choisit elle-même son mode d'action après avoir négocié les conditions de la réussite. Ces conditions peuvent s'exprimer en termes d'argent, mise à disposition de compétences ou d'informations, calendrier, heures de travail...

Interface : point d'articulation de la mission où un nouveau contributeur prend le relais après transmission des éléments convenus.

La lettre de mission se décline au sein de l'espace cryptique à deux niveaux successifs :

- à partir du mode d'action retenu, l'espace cryptique établit sa propre lettre de mission et la fait valider par le dirigeant ; la lettre nomme le pilote, fixe l'EFR, résume le mode d'action et fournit les repères pour le suivi ;

– à partir du plan de convergence, le pilote négocie avec chaque contributeur sa feuille de route avec le résultat attendu de son action et les conditions nécessaires à sa bonne réalisation. Certaines de ces conditions s'objectivent sous la forme d'éléments provenant des résultats précédents.

Un cas pratique

Pour illustrer les étapes 5 (lettre de mission) et 6 (mise en œuvre du plan d'action), nous allons nous servir d'un exemple réel d'application de la méthode MADIE® par une PME. Par souci de clarté, nous avons choisi un cas qui met en scène peu d'acteurs et se déroule sur une période assez courte. Il montre également que la mise en œuvre de MADIE® est indépendante du système de veille.

La situation

Une PME régionale de maintenance de machines agricoles développe une unité de méthanisation qui permet de diminuer, bien en dessous du prix de rachat, le prix de revient du kWh produit par des petites installations décentralisées. Cette technologie s'adapte particulièrement bien à des implantations à la ferme où elle peut constituer un complément de revenu stable pour les agriculteurs. Pour prouver le concept, il faut une unité de démonstration. Plusieurs agriculteurs sont d'accord pour fournir le terrain et la matière première, mais n'en financeront pas la construction. L'entreprise ne dispose pas des fonds propres nécessaires. Le projet prend forme lorsque la plate-forme d'initiative locale accorde un prêt de lancement confirmé par une lettre d'engagement signée par le président. Le prêt entre en vigueur contre présentation d'un contrat d'implantation avec un agriculteur et d'un engagement de prêt bancaire qui boucle le financement.

Le signal

Quelques semaines avant la finalisation de ces documents, le dirigeant est surpris de recevoir un coup de fil du chargé d'affaires de la plate-forme demandant de ses nouvelles avant le prochain comité financier. Le chargé d'affaires explique qu'il est normal que les nouveaux membres du comité puissent s'exprimer sur le projet. Ce n'est pas systématique, mais le projet est assez important et certains membres s'y intéressent plus particulièrement. *A priori*, ce ne serait qu'une formalité, mais le comité est souverain. Le dirigeant est inquiet, car tout risque de changement des conditions du prêt recèle un danger vital pour son entreprise. Il décide d'agir.

La directive initiale du dirigeant

Assurer la confirmation du prêt sans changement de conditions par le comité lors de sa prochaine réunion qui se tiendra dans six semaines.

Espace cryptique

Le dirigeant, son assistante de direction et un actionnaire business angel très bien introduit localement.

Parties prenantes

L'entreprise elle-même, les membres du comité financier, le chargé d'affaires, le partenaire agriculteur, le banquier, les sous-traitants (entreprises locales), les projets concurrents.

Renseignements

* Le comité comporte une vingtaine de membres qui sont essentiellement les représentants des bailleurs de fonds (collectivités et grandes entreprises avec une présence locale) supplémentés par des notables locaux (commerçants, avocats, experts-comptables, entrepreneurs…).
* Les décisions du comité se prennent à la majorité des présents (généralement cinq à dix) avec une voix prépondérante pour le président.
* Parmi les nouveaux membres du comité se trouve le responsable régional d'une importante société de services aux collectivités locales qui vient de verser une somme modeste au fonds d'investissement.
* La société de services en question est en train de promouvoir une grande plate-forme de traitement centralisé de déchets comprenant une partie méthanisation.
* Plus de 30 % des ressources de la plate-forme proviennent du budget de développement économique d'une communauté de

communes; par sa participation, celle-ci souhaite promouvoir l'implantation sur son territoire de sociétés éco-innovantes.

- Le projet de l'unité de méthanisation centralisée est porté par une société d'économie mixte indépendante de la communauté de communes.
- Le banquier de l'entreprise est un des membres du comité. Il sait que le réexamen du dossier est inscrit à l'ordre du jour et s'en inquiète.

Centres de gravité et vulnérabilités

L'affaire se joue au sein du comité financier; dans ce contexte :

- l'entreprise tire sa force de sa technicité et de sa réputation de sérieux auprès des agriculteurs régionaux qui crédibilisent le projet de développement de son innovation technique. Le projet est en harmonie avec les objectifs des politiques locaux, mais nécessite des financements externes importants;
- le président, un avocat avec une clientèle locale, compte sur sa position pour augmenter sa visibilité. Il tire sa force de la perception de son investissement personnel dans l'intérêt général et de sa réputation de juriste sérieux;
- le représentant de la communauté de communes tire sa force de l'importance de sa contribution budgétaire;
- le représentant de la société de services tire sa force de son réseau auprès des élus locaux et de sa force de frappe financière. Toutefois, il n'a pas de relations professionnelles directes avec la communauté de communes.

Choix de la tactique par l'espace cryptique

La matrice des centres de gravité et des actions retenues (figure 27) résume le mode d'action, délimite le terrain de jeu avec ses points saillants et dresse l'état des actions pertinentes. Avant de le traduire en lettre de mission, il faut recadrer l'EFR et choisir les bonnes tactiques.

La tactique globale choisie est le travail de sape : jouer sur les vulnérabilités pour décourager toute opposition à la confirmation du prêt. L'affrontement n'est pas une option : il existe une multitude d'acteurs distincts au sein du comité financier et le rapport de forces est plutôt en notre défaveur. L'abandon est toujours possible – ne plus compter sur le prêt de la plate-forme et essayer de trouver d'autres sources de financement. Notez que l'abandon de l'EFR immédiat n'entraîne pas nécessairement l'abandon du projet global.

D'autres choix tactiques sont possibles. Si l'on estime disposer de moyens insuffisants pour agir sur les membres du comité, on pourrait se tourner vers le banquier et l'agriculteur pour essayer de boucler le prêt avant le prochain comité. Dans le cas présent, la position du banquier exclut cette option.

Vis-à-vis des différents acteurs, et compte tenu de leurs centres de gravité, les choix tactiques arrêtés sont :

– saper le président, vulnérable sur ses deux points forts : sa réputation de juriste sérieux et son désintérêt personnel affiché. Il a signé une lettre d'engagement dont il est censé connaître la portée juridique – changer une des conditions de la lettre sans avoir une raison inattaquable est juridiquement injustifiable. Le soutien, même indirect, d'un projet concurrent contre un dossier déjà accepté par le comité jetterait le doute sur son désintérêt ;

– faire du représentant de la communauté de communes un allié efficace. Il faut s'assurer de son soutien actif et être certain qu'il sera bien présent au comité pour peser sur le vote ;

– contourner le directeur régional de la société de services qui dispose de moyens sans commune mesure avec ceux de l'entreprise. Une stricte confidentialité sera indispensable pour empêcher toute réaction.

Une fois la tactique définie, il est possible de rédiger les lettres de mission.

Lettre de mission

Voici la lettre de mission de l'espace cryptique (avec des noms fictifs) :

Lettre de mission	
Nom du projet	Tulipe (il n'est pas indispensable mais souvent utile de donner un nom au projet ; un nom complètement neutre aide à conserver la confidentialité lors des communications diverses entre le pilote et les contributeurs).
Pilote	Jacqueline Dupont (l'assistante de direction).
État final recherché (EFR)	Avoir en main la confirmation écrite de la participation financière de la plate-forme d'initiative locale dans le projet de méthanisation aux conditions déjà convenues.
Preuve (livrable)	Lettre d'engagement signée par le président.
Critères d'appréciation	Le respect des conditions de prêt : – montant et conditions de remboursement convenues, – entrée en vigueur contre présentation du contrat d'implantation et l'engagement de prêt de la banque, – délai d'option d'au moins 3 mois.
Échéance	Dans le mois qui suit le comité d'engagement et dans tous les cas avant le 15 décembre prochain.
Conditions impératives de succès	Dégager une journée par semaine pour Jacqueline Dupont Prévoir un budget de frais (déplacement et réceptions) d'environ 2 000 €.

Et voici un exemple de lettre de mission d'un contributeur, dans ce cas, le business angel.

Lettre de mission	
Nom du projet	Tulipe.
Contributeur	Gilles Smolenski (le business angel).
Résultat à produire	Obtenir la certitude du soutien efficace du représentant de la communauté de communes sans en avertir le représentant de la société de services.
Preuve (livrable)	Confirmation de l'engagement verbal en tête à tête.
Critère d'appréciation	Spontanéité et sincérité de l'engagement.
Échéance	Environ 8 jours avant la prochaine réunion du comité financier (pas trop tôt pour minimiser le risque de fuites).
Conditions impératives de succès	Pouvoir organiser un golf et un bon repas avec le président de la communauté de communes et l'adjoint qui le représente au comité (budget 1 000 €). Avoir en main des éléments tangibles pour montrer que le projet ira jusqu'au bout (signes d'engagement de l'agriculteur et du banquier). Éviter d'avertir la concurrence, notamment la société de services aux collectivités.

Déclinaison de la directive au niveau opérationnel

Avant d'établir le plan de convergence (voir fiche 22), il est nécessaire de compléter la lettre de mission de l'espace cryptique par un tableau qui résume le mode d'action retenu et les résultats intermédiaires essentiels qui en découlent. D'abord, résumons le mode d'action retenu pour notre exemple.

Acteur	Centre de gravité	Résultat recherché
L'entreprise	Concordance entre le projet proposé et les objectifs affichés par l'exécutif local.	Faire reconnaître la résonance positive du projet pour le développement local.
Président du comité	La confiance des bailleurs de fonds adossée à sa réputation d'avocat sérieux.	Faire prendre conscience que, compte tenu de ses écrits précédents, une opposition au projet de méthanisation risque d'affaiblir sa réputation d'avocat sérieux.
Représentant de la communauté de communes	Position de principal bailleur de fonds.	Obtenir l'assurance d'un soutien actif et efficace.
Directeur régional de la société de services	Relations établies avec l'exécutif local et ressources disponibles.	Par une confidentialité vigilante, empêcher toute réaction contre notre projet.

Notez que ce tableau ne comporte que les éléments essentiels entérinés par le dirigeant.

Le dernier élément nécessaire à l'établissement du plan de convergence par le pilote est la liste des jalons retenus pour le suivi. L'enchaînement des résultats est déterminé par rétroplanning en partant de l'EFR.

La déclinaison de l'EFR en résultats intermédiaires est traitée dans la fiche 22 (étape 6 : mise en œuvre du plan d'action).

Étape 6 : mise en œuvre du plan d'action

→ Préciser tous les jalons et résultats intermédiaires du plan de convergence.

→ Affecter à chaque résultat du plan le contributeur approprié.

→ Expliciter les interfaces entre contributeurs.

→ Piloter l'exécution du plan de convergence jusqu'à l'EFR.

État stable : un point dans le déroulement du projet où l'équilibre entre les acteurs et les forces en présence peut se maintenir si rien ne les perturbe. L'EFR, les jalons et les interfaces sont obligatoirement des points stables.

État transitoire : point dans le projet où les acteurs et les forces en présence sont en mouvement.

Phase transitoire : succession d'états transitoires entre deux états stables. L'action pendant une phase transitoire est confiée à un seul contributeur, sans passage de relais.

Point d'avancement : rapport à l'attention de l'espace cryptique établi par le pilote à des intervalles prédéterminés après avoir fait confirmer par chaque contributeur la probabilité de produire ses résultats aux échéances convenues.

Jalon : résultat servant de point de repère pour le pilotage.

Plan de convergence

Nous vous proposons ici une méthodologie de conduite du projet qui se présente sous la forme d'un plan de convergence intégrant les trois facteurs suivants :

- temps ;
- périmètre ;
- forces en présence.

Ce plan de convergence s'établit en trois étapes :

- la déclinaison de l'EFR en résultats intermédiaires et le choix du contributeur le mieux à même de produire chaque résultat dans le temps imparti ;
- l'implication et la responsabilisation des contributeurs choisis au travers d'un accord sur la preuve à produire, les conditions impératives de succès et les ressources nécessaires ;
- la consolidation au niveau de l'espace cryptique des conditions impératives de succès et des ressources avant la confirmation des lettres de mission.

L'équipe projet

Au moment de la mise en place de l'espace cryptique, le dirigeant désigne un pilote pour coordonner les efforts des différents contributeurs. Le pilote, aidé au besoin par une équipe projet, gère toutes les interfaces entre les différents contributeurs. Il recueille les preuves des résultats et distribue les éléments nécessaires aux contributeurs suivants. Il tient compte des risques et des préoccupations exprimées, et agit pour prévenir les dérives. Cette façon de faire complique l'identification de l'EFR par des personnes externes à l'espace cryptique et améliore la confidentialité. Les exemples de lettres de mission de la fiche 21 illustrent ce propos.

Déclinaison de l'EFR en résultats intermédiaires

Pour notre exemple, ces données sont résumées dans le tableau ci-après (figure 28). Nous commençons par l'EFR, intangible, pour remonter vers la situation actuelle. Il s'agit pour les contributeurs de négocier les ressources pour garantir le résultat fixé à l'échéance convenue et non la durée nécessaire pour accomplir une série de tâches.

Qui	Fin (engagement)		Début (condition)		Comment
	Quoi	**Quand**	**Quoi**	**Quand**	
Jacqueline Dupont (pilote)	EFR : avoir en main la confirmation de la participation financière de la plate-forme d'initiative locale dans le projet de méthanisation aux conditions convenues	Semaine 51	Le comité a bien eu lieu et une décision a été prise ; s'assurer de la coopération active du chargé d'affaires	Semaine 47	Relancer le chargé d'affaires pour l'émission de la lettre officielle
Bertrand Legrand (dirigeant)	Être sûr des conclusions du comité financier	Semaine 47	Rendez-vous pris avec le chargé d'affaires pour disposer d'informations fiables	Semaine 43	Maintenir des contacts réguliers avec le chargé d'affaires
Gilles Smolenski (actionnaire)	Avoir une bonne assurance de disposer d'une majorité au comité	Semaine 45	Choix de la tactique et accord sur frais	Semaine 39	En mobilisant son réseau local et organisant quelques rendez-vous bien choisis
Loïc Granger (commercial)	Disposer d'éléments tangibles confirmant le montage avec l'agriculteur	Semaine 43	La DID est bien formulée et le projet lancé	Semaine 36	Avoir des instructions claires sur les limites de fourniture et de négociation
Jacqueline Dupont (pilote)	L'EFR et le choix de la tactique sont arrêtés	Semaine 39	Le plan de renseignement est mené à bien	Semaine 37	Disposer du temps nécessaire et la coopération étroite de Gilles Smolenski
Jacqueline Dupont (pilote)	Le plan de renseignement est arrêté	Semaine 37	La DID est bien formulée ; nomination du pilote	Semaine 36	Temps et budget
Bertrand Legrand (dirigeant)	Les membres de l'espace cryptique et le pilote sont désignés et l'organisation du projet est en place	Semaine 36	DID : décision d'agir	Semaine 36	Veille active et stratégie claire
Bertrand Legrand (dirigeant)	DID : décision d'agir	Semaine 36	Un signal faible semble indiquer que l'accord du prêt serait remis en cause	Semaine 36	

Figure 28 – Déclinaison de l'EFR en résultats intermédiaires

Implication et responsabilisation des contributeurs

Chaque contributeur participe à la définition de sa lettre de mission. Selon la culture de l'entreprise, son engagement peut se formaliser soit verbalement, soit en apposant sa signature sur la lettre. En contrepartie il peut définir son propre mode d'action et, lorsque c'est possible, s'attendre à connaître la suite.

Consolidation des conditions impératives de succès

Après avoir terminé les lettres de mission des contributeurs – mais avant de les faire ratifier par l'espace cryptique –, le pilote vérifie la compatibilité entre les différentes conditions accordées et dresse un état consolidé des ressources demandées. L'espace cryptique examine les écarts éventuels par rapport à sa lettre de mission et décide des ajustements nécessaires. En cas de conflit majeur, il se réfère au dirigeant qui décide d'allouer des ressources supplémentaires ou d'arrêter les frais.

Le scénario logique

Le déroulement du plan est représenté sur un diagramme de processus (figure 29) qui explicite le rôle de chaque contributeur, l'articulation des résultats et les interfaces entre contributeurs. Chaque bloc représente un résultat à produire. Les flèches qui passent d'une colonne à une autre indiquent les interfaces. Les flèches en pointillé indiquent une séquence de résultats à produire par le même contributeur.

Cinq à dix événements clés sont sélectionnés dans le diagramme de processus comme des jalons qui sont positionnés sur un diagramme en triangle qui sert d'outil de suivi tout le long du projet.

La figure 29 donne la situation du projet Tulipe au 24 novembre 2008.

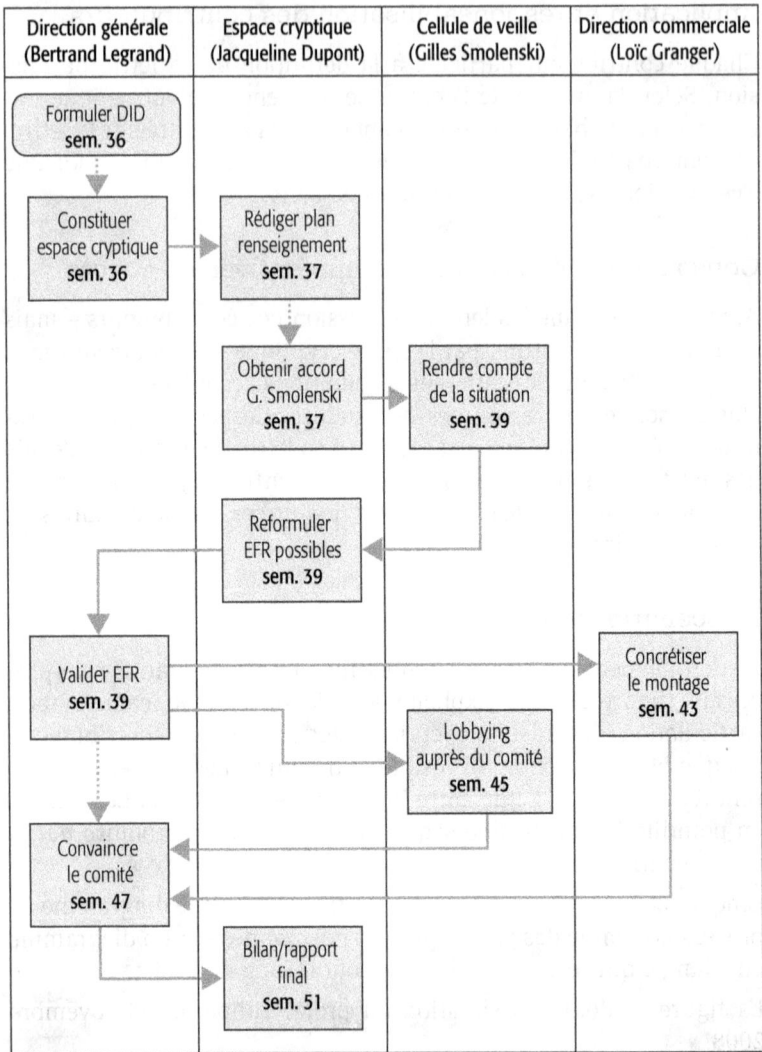

Direction générale (Bertrand Legrand)	Espace cryptique (Jacqueline Dupont)	Cellule de veille (Gilles Smolenski)	Direction commerciale (Loïc Granger)
Formuler DID sem. 36			
Constituer espace cryptique sem. 36	Rédiger plan renseignement sem. 37		
	Obtenir accord G. Smolenski sem. 37	Rendre compte de la situation sem. 39	
	Reformuler EFR possibles sem. 39		
Valider EFR sem. 39			Concrétiser le montage sem. 43
		Lobbying auprès du comité sem. 45	
Convaincre le comité sem. 47			
	Bilan/rapport final sem. 51		

Figure 29 – Diagramme de processus du plan d'action

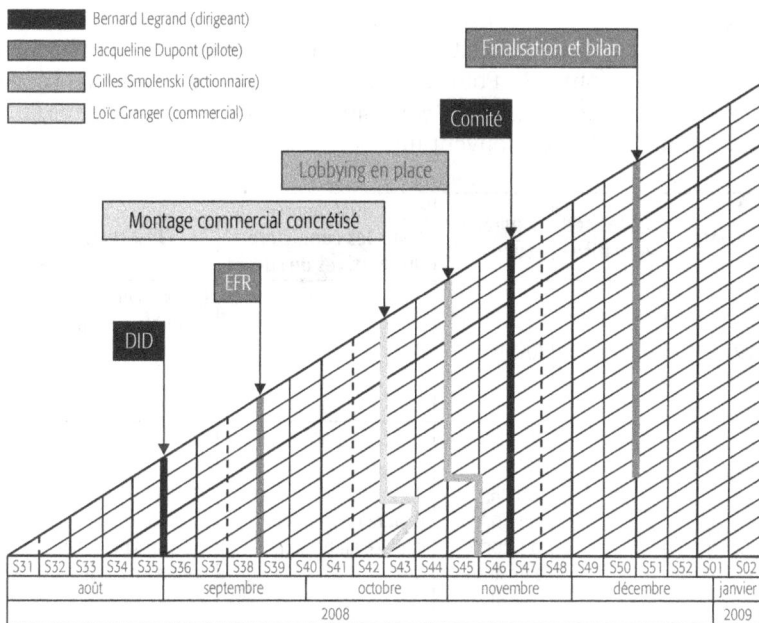

Légende :
- Bernard Legrand (dirigeant)
- Jacqueline Dupont (pilote)
- Gilles Smolenski (actionnaire)
- Loïc Granger (commercial)

Finalisation et bilan

Comité

Lobbying en place

Montage commercial concrétisé

EFR

DID

S31	S32	S33	S34	S35	S36	S37	S38	S39	S40	S41	S42	S43	S44	S45	S46	S47	S48	S49	S50	S51	S52	S01	S02
août					septembre				octobre				novembre				décembre					janvier	
2008																						2009	

Figure 30 – Diagramme de suivi du plan d'action

L'échelle temps est représentée sur l'axe horizontal (ici en semaines).
Pour chaque jalon, l'avancement hebdomadaire est représenté par un point sur la ligne oblique partant de l'axe horizontal à la fin de la semaine en question (une couleur par contributeur).
À chaque point d'avancement successif, les lignes descendantes correspondantes aux jalons sont prolongées jusqu'à la ligne oblique suivante. Un trait vertical signifie le maintien de l'objectif, une déviation vers la droite signifie un retard et vers la gauche une avance

Le pilotage

L'essentiel pour bien piloter l'action est de s'appuyer sur des résultats tangibles qui forment des interfaces claires et verrouillent l'avancement vers le nouvel état plus avantageux, stable et défendable que constitue l'EFR. Au cours des phases transitoires rencontrées, les contributeurs ont l'autorisation d'adapter leur action aux circonstances afin de produire le résultat promis. Les questions posées aux contributeurs lors de l'établissement de chaque point d'avancement sont : «Quel

> Une bonne pratique : le pilote peut encourager les contributeurs à établir des rapports d'étonnement au sujet des points qui les ont interpellés au cours de la mission.

degré de certitude avez-vous d'atteindre le résultat à l'heure voulue ; quelles sont vos préoccupations au sujet des obstacles à franchir et les risques encourus ? » Pour le contributeur, rendre compte de l'état d'avancement de sa mission consiste à remplir une ligne dans un tableau de bord. Bien souvent un coup de fil au pilote suffit.

Date	Échéance actualisée	Obstacles rencontrés	Conséquence sur les conditions impératives de succès	Observations
22.sep.08	Sem. 42	RAS	RAS	Décision de concentrer l'action sur M. Blanc : pas le plus facile mais capable de se décider rapidement
29.sep.08	Sem. 43	M. Blanc bloque, il semble vouloir donner la priorité à un autre investissement	Il faut que le dirigeant se déplace en personne	La volonté de mettre en place l'unité de méthanisation n'est pas remise en cause
06.oct.08	Sem. 43	Problème d'agenda		Réunion programmée le 9 octobre
13.oct.08	Sem. 42	RAS	RAS	Engagement obtenu en réunion

Figure 31 – Tableau de bord de Loïc Granger

L'évolution de la situation apparaît clairement sur la figure 30. Le trait représentant le jalon attaché au résultat attendu de Loïc Granger coupe à la semaine 42 la ligne oblique où figure l'état d'avancement à la fin de la semaine 38. Une semaine après (ligne oblique suivante), L. Granger prévoit une semaine de retard mais propose une action corrective. La ligne rejoint l'axe horizontal à la fin de la semaine 42 indiquant que le résultat a été livré à l'heure.

En conséquence du décalage accepté pour L. Granger, la réalisation d'une des conditions impératives de succès de la mission de G. Smolenski a été retardée d'une semaine. En effet, ce dernier a besoin d'un signe tangible de la part de l'agriculteur pour étayer son action. Par précaution, il a été décidé de décaler l'action de lobbying. Le décalage vers la droite de la ligne à la fin de la semaine 45 permet de visualiser la nouvelle situation. Le décalage a été maintenu malgré l'engagement anticipé de l'agriculteur.

Étape 7 : le bilan

→ Identifier les axes d'amélioration pour être plus efficace lors du traitement de la prochaine directive initiale du dirigeant. Ces axes peuvent porter sur le déroulement de MADIE®, l'amélioration de la veille et de la protection.

Espace cryptique : groupe restreint de personnes choisies (internes ou externes à l'entreprise) dans lequel l'information confidentielle est échangée librement.

Réunion des membres de l'espace cryptique

À la fin du projet, et au-delà de la mesure du retour sur investissement de l'opération, un bilan sera réalisé pour capitaliser sur l'expérience afin d'améliorer la méthode, mais également pour l'inscrire dans la dynamique d'entreprise – et si possible dans sa culture.

Nous préconisons de réunir les membres de l'espace cryptique autour d'un jeu de questions pour identifier si nécessaire des actions concrètes à proposer au dirigeant pour mise en œuvre.

Voici les principales questions types :

- Comment avons-nous conduit le projet ?
- Les résultats sont-ils atteints, et pourquoi ?
- Quels ont été les efforts en ressources internes/externes et en moyens financiers ? Ces efforts sont-ils en adéquation avec les résultats atteints et pourquoi ?
- Qu'est-ce qui a bien fonctionné, et pourquoi ?
- Quelles sont les difficultés que nous avons rencontrées, et pourquoi ?
- Si nous devions le refaire, ferions-nous différemment ? Si oui, pourquoi ?

Identifier les bonnes pratiques et les dysfonctionnements

Aux réponses aux «pourquoi» correspondent des causes identifiées de bonnes pratiques et/ou de dysfonctionnement. Le groupe travaillera alors sur les dysfonctionnements pour proposer des actions d'amélioration afin qu'ils ne se produisent plus.

Le groupe pourra alors décider de proposer :
- d'enrichir la démarche MADIE® de l'entreprise par les bonnes pratiques identifiées ;
- de mettre en œuvre les actions d'amélioration identifiées.

À la fin de chaque projet, nous recommandons d'analyser les résultats obtenus et les processus utilisés en vue de leur amélioration continue.

Tous ces éléments devront faire l'objet d'une documentation partagée et d'une information ciblée aux acteurs concernés.

Les savoir-faire acquis lors d'un projet pourront donc être ainsi utilisés par les membres du prochain espace cryptique.

Les outils

- Pour l'animation de la réunion :
  - une répartition claire des rôles avec un animateur,
  - un paper board et la technique des post-it si nécessaire (diagrammes d'affinités).
- Pour la restitution, une fiche de bilan :
  - nom du projet,
  - résultats atteints,
  - délai de traitement,
  - moyens mis en œuvre,
  - les bonnes pratiques,
  - les actions d'amélioration :
    • pour la démarche MADIE®,
    • pour la veille,
    • pour la protection,
  - les pièges à éviter.

Fiche 24

Révision périodique
de son centre de gravité

→ Réviser sa politique de protection et mettre à jour ses axes de veille.

Centre de gravité : le centre de gravité définit ce qui fait la force de l'entreprise. Ce peut être une logistique performante, un directeur de production excellent mais proche de la retraite, un réseau de distribution, un homme clé dans l'organisation, le fournisseur d'un composant...

Protection : protéger le centre de gravité, les informations stratégiques et les ressources clés de l'entreprise par une identification des vulnérabilités.

Veille : recherche permanente d'informations en vue d'identifier les signaux faibles d'opportunité ou de menace pouvant interagir avec la stratégie de l'entreprise.

Vulnérabilité critique : faille possible par laquelle mes concurrents peuvent toucher mon centre de gravité.

L'environnement de l'entreprise se modifie en permanence. Aussi, il est nécessaire de vérifier une ou deux fois par an – pour les acteurs de l'environnement – que les centres de gravité n'ont pas changé et que de nouvelles vulnérabilités critiques ne sont pas apparues.

Pour ce faire, nous suggérons d'utiliser la matrice suivante qui permet de lister les parties prenantes de la stratégie, de se reposer la question de leurs points d'appui (centre de gravité), les vulnérabilités critiques associées et de proposer des actions concernant sa protection et son plan de veille.

Centre de gravité	Vulnérabilités			Actions
	Désignation	Criticité		
		Actif / passif	*Fort / faible*	
Entreprise				
Concurrent 1				
Concurrent 2				
Concurrent 3				
Acteur neutre 1				
Acteur neutre 2				
Acteur neutre 3				

Figure 32 – Révision du centre de gravité

La stratégie d'influence

→ Permettre à toute entreprise d'influer sur les parties prenantes de son environnement.

Stratégie d'influence : elle sert à faire connaître son entreprise et ses orientations en agissant sur des relais d'opinion pour influer sur le cours des choses, afin de créer un environnement favorisant sa stratégie.

Patrimoine immatériel : le patrimoine immatériel d'une entreprise est constitué de tout ce qui ne figure pas au bilan (savoir-faire, marques, documents, image, notoriété, processus…).

Lobby : groupe d'intérêt qui fait valoir son point de vue auprès de décideurs.

Désinformation : propagation d'informations fausses ou tronquées.

Il nous paraît important de ne pas exclure la stratégie d'influence des actions possibles. Les actions d'influence sont à la portée de toute entreprise, quelle que soit sa taille, pour peu qu'elle ait su se forger une identité en positionnant ses idées au cœur de sa stratégie d'influence.

Il n'est pas besoin de préciser que la signature de l'entreprise, donc son identité, doit être partagée en interne comme en externe.

Les lignes qui suivent sont fortement inspirées par l'approche très originale de Bruno Racouchot[1].

Mettre en œuvre une stratégie d'influence, c'est chercher :

- à séduire (publicité, lobbying) ;
- à feindre ;

---

1. *Revue Défense* n° 132, mars-avril 2008 – «Stratégie d'influence : Le rôle-clé des idées», Bruno Racouchot, directeur de la société Comes Communication.

- à persuader (propagande, lobbying) ;
- à manipuler (désinformation, lobbying).

Pour y parvenir, il s'agit :

- d'affirmer clairement une identité ;
- de forger et conforter cette identité en tournant le dos à la concurrence et en ouvrant des perspectives ;
- d'affirmer sa spécificité en articulant ses idées et leur mise en œuvre ;
- de ne pas viser le client, mais ceux qui font et relayent l'opinion.

> La société Lactalis, qui fabriquait un million de camemberts Lepetit par an, a dû fermer l'un de ses sites de production de fromages suite à l'action d'un petit producteur (produisant 500 fromages par an).
>
> Événement déclencheur : la décision de la société Lactalis de modifier le processus de fabrication des camemberts Lepetit en chauffant le lait à 60° pour lutter contre la listeria.
>
> – Positionnement de l'identité de François Durand, petit producteur : «une société de plus en plus aseptisée», «un véritable lavage de cerveau», «une uniformisation du goût», «pasteuriser le lait, c'est pasteuriser les esprits»...
>
> – Relais d'opinion : l'Association des producteurs de fromages de terroirs, l'Université du Goût.
>
> – Résultat : Le *Journal officiel* du 18 septembre 2008 impose l'utilisation exclusive de lait cru pour bénéficier de l'AOC «Camembert de Normandie».
>
> L'AOC des camemberts Lepetit est remise en cause et Lactalis doit fermer l'un de ses sites de production.
>
> Le centre de gravité de cette activité de l'entreprise Lactalis – et donc sa vulnérabilité critique – reposait sur l'AOC.

Cet exemple démontre clairement que la taille ne joue pas forcément dans le cadre d'une stratégie d'influence.

Le renforcement des liens de l'entreprise avec ses parties prenantes (clients, partenaires, décideurs publics, médias...) passe donc par le confortement de son «patrimoine immatériel».

Cela implique une réflexion très en amont pour acquérir une capacité d'anticipation et une vision objective de l'environnement.

Autre exemple de stratégie d'influence d'un petit parmi des gros : celui de Free, fournisseur d'accès à Internet.

Free a, depuis sa création, cultivé son image de fournisseur «juste» vis-à-vis des acteurs historiques de son marché en pratiquant une stratégie de cost killer.

Il vise maintenant le marché français des télécommunications et se présente comme favori dans l'acquisition de la quatrième licence 3G. Il attaque frontalement Orange, SFR et Bouygues Télécom. Il est clair que ces trois acteurs historiques mettent tout en œuvre pour protéger leur marché.

Le dirigeant a décidé d'orienter sa communication vers les consommateurs en menant une communication s'appuyant sur son identité affichée, très remarquée et relayée par les blogs.

Ainsi, un article de septembre 2009 de *The Economist*, titré «Qui veut la peau de Xavier Niel, patron de Free?», expliquait ce qui pourrait lui arriver dans les prochains mois. Et de préciser que son suicide serait un assassinat et que tout accident de voiture serait un meurtre maquillé. Il pointe, de ce fait, un doigt accusateur vers les acteurs historiques et leur donne une image de profiteurs s'appuyant sur leurs positions dominantes.

L'histoire dira s'il a pu contrer les opérations de lobbying de ces derniers.

Exemples d'une « non-identité »

De plus en plus de sociétés s'affirment comme respectueuses de l'environnement et tentent de le démontrer à grand renfort de communication. Les Anglo-Saxons ont une expression pour qualifier ce phénomène : le green washing.

Même si bon nombre d'entreprises mènent des actions de fond pour réduire leur empreinte environnementale, à l'exemple de Monoprix qui a choisi de positionner sa plate-forme logistique francilienne en bord de Seine pour pouvoir l'approvisionner par bateau plutôt que par camion, il paraît difficile de construire une identité sur ce concept, sauf s'il est inscrit dans les gènes de l'entreprise.

Annexes

Glossaire

Agrégateur : logiciel permettant de suivre plusieurs fils de syndication en simultané. Il regroupe plusieurs flux d'informations matérialisés par des flux RSS que l'on trouve notamment sur des sites d'informations (la presse par exemple, mais aussi les entreprises qui souhaitent mettre à disposition du surfeur, un fil continu d'informations sur une thématique sélectionnée par ses soins.

Centre de gravité (CDG) : mon centre de gravité définit d'où je tire ma force. Pour les autres acteurs, il caractérise d'où ils tirent leur force. Ce peut être une logistique performante, un directeur de production excellent mais proche de la retraite, un réseau de distribution, un homme clé dans l'organisation, le fournisseur d'un composant…

Clouding : représentation des concepts, personnes, pays… sous forme de nuages de tags avec une notion d'importance ; plus le «concept», les «personnes», le «pays» sont cités, plus ils seront écrits en gros pour correspondre à leur importance.

CNIL : Commission Nationale de l'Informatique et des Libertés.

Conditions impératives de succès (CIS) : c'est la somme des éléments indispensables à l'atteinte de l'état final recherché d'après les informations connues par l'entreprise. En d'autres termes, puis-je faire sans ?

Contributeur : une personne qui accepte de produire un résultat sous certaines conditions. La personne peut s'entourer d'une équipe mais reste seule responsable. Elle choisit elle-même son mode d'action après avoir négocié les conditions de la réussite. Ces conditions peuvent s'exprimer en termes d'argent, de mise à disposition de compétences ou d'informations, de calendrier, d'heures de travail…

Coopétiteur : concurrent pouvant également être partenaire sur certaines affaires ou actions.

Cycle du renseignement : processus itératif qui permet de produire des informations validées et fiabilisées.

DCRI : Direction Centrale du Renseignement Intérieur.

Déstabilisation : fait de rendre un individu vulnérable en exerçant sur lui une pression par divers moyens (chantage, corruption, menace, etc.).

DGSE : Direction Générale de la Sécurité Extérieure.

Directive initiale du dirigeant (DID) : traduit la décision du dirigeant dans l'atteinte de tel état final recherché.

Espace cryptique : groupe restreint d'individus (internes ou externes à l'entreprise) dans lequel l'information confidentielle est échangée librement.

État final recherché (EFR) : l'état final recherché (EFR) décrit en termes opérationnels et mesurables la position stratégique visée par l'entreprise, qui découle de la directive initiale du dirigeant.

Information pertinente : information pouvant potentiellement impacter la stratégie de l'entreprise et donc son développement.

Information stratégique ou décisive : information captée susceptible de remettre en question ou d'orienter la stratégie de l'entreprise. Information que l'entreprise doit absolument protéger.

Intelligence économique : «Mode de gouvernance dont l'objet est la maîtrise de l'information stratégique et qui a pour finalité la compétitivité et la sécurité de l'économie et des entreprises.» (Alain Juillet)

Interface : point d'articulation de la mission où un nouveau contributeur prend le relais après transmission des éléments convenus.

Intrusion : fait d'entrer sur un réseau (voix ou données) sans y avoir été invité.

Jeu concurrentiel : inventé par M. Porter, il décrit l'ensemble des acteurs susceptibles d'interagir sur l'activité de l'entreprise. Le schéma doit aider à identifier les «acteurs d'influence» parmi les nouveaux entrants, les fournisseurs, les clients, les concurrents directs et les produits de substitut.

Key loggers : équipement ou logiciel espion qui enregistre les touches frappées sur le clavier d'un ordinateur et les transmet via un réseau, permettant notamment de connaître les mots de passe saisis pour se logger aux sites Web.

Lettre de mission : document remis aux responsables opérationnels dans lequel sont détaillés leurs objectifs, les ressources allouées, les indicateurs de mesure, les délais de réalisation attendus.

Objectif intermédiaire/préalable : objectif qui doit être impérativement atteint pour satisfaire à l'objectif final.

Page ranking : technologie créée par Google pour évaluer la popularité d'un site web ou d'une de ses pages, matérialisée par une note de 1 à 10 mise à jour quotidiennement. Google utilise le page rank pour déterminer l'ordre d'apparition d'un site. Plus le site dispose de liens, meilleur sera le résultat. Il est possible de vérifier le page rank sur le site *www.pagerank.fr*.

Pilote : personne nommée par le dirigeant au sein de l'espace cryptique pour établir le plan de convergence et piloter son exécution.

Plan de convergence : enchaînement de résultats convergeant vers l'EFR. Le plan est établi par le pilote et ratifié par l'espace cryptique.

Plan de veille : défini selon les enjeux de l'entreprise, il consiste à définir les domaines de l'environnement (activités, technologique, normatif, commercial, etc.) devant faire l'objet d'une surveillance active pour en anticiper les évolutions.

Plan stratégique de l'entreprise : sur un périmètre défini, le plan stratégique établit et priorise les objectifs de création de valeur sur le long terme en précisant les ressources allouées à cet effet (financières, humaines, technologiques...).

Preuve : les éléments qui permettent au pilote de constater l'obtention satisfaisante du résultat selon l'indicateur accepté. Aux interfaces, le pilote transmet les éléments nécessaires au contributeur suivant.

Protection logicielle : surveillance du trafic, journal de bord, antivirus, pare-feu, anti-spam.

Rapport d'étonnement : fiche formatée permettant de formaliser la collecte d'un renseignement en vue de sa diffusion et de son archivage.

Rayonnements : émission de signaux due à la diffusion électronique liée au fonctionnement des équipements informatiques (écran) ou des réseaux (alimentation électrique ou voies de télécommunications).

Résultat : un livrable accompagné d'une preuve à produire à une échéance donnée. Un résultat constitue en quelque sorte un EFR intermédiaire. L'acceptation de la preuve par le pilote le rend définitif.

RSS (*really simple syndication*) : s'abonner à un flux RSS permet de recevoir la liste des nouveaux articles publiés sur un site, ou sur un blog.

SAS anti-virus : ordinateur isolé et dédié, équipé des versions les plus performantes et à jour d'antivirus, pouvant détecter la présence ou non de virus dans les supports informatiques mobiles avant leur utilisation sur le réseau de l'entreprise.

Saturation : création artificielle d'un flux énorme de messages (par moyens techniques ou en faisant appel à l'opinion) saturant les capacités de traitement des systèmes d'information de l'entreprise pour les rendre inutilisables.

Sécurité des systèmes d'information (SSI) : politique de protection matérielle et logicielle des réseaux et équipements informatiques et de télécommunications.

SGDN : Secrétariat général à la Défense nationale.

Signal faible ou pertinent : information captée qui, bien exploitée, est décisive dans le bon déroulement de la stratégie de l'entreprise, voire de son développement.

Sources ouvertes : gisements d'informations d'accès libre (sites Internet non protégés, brochures, documents comptables, rapports annuels, publications, etc.).

Sourcing : action qui consiste à identifier les sources d'information susceptibles de fournir les documents recherchés.

Spam : courrier électronique non désiré polluant les messageries.

SSI : sécurité des systèmes d'information.

Supervision : journaux de bord électroniques, dispositifs d'alerte, surveillance du trafic et des ports, surveillance des accès.

Syndication : consiste à mettre à disposition du surfeur un flux RSS avec le dernier titre du contenu du site web suivi.

Tactique : la tactique est la déclinaison opérationnelle de la stratégie et décrit le mode d'action pour aller d'une situation initiale à un état final recherché.

Text mining : un outil de text mining a des fonctionnalités d'extraction et de catégorisation d'informations non structurées.

Vulnérabilité : point faible d'une personne (vice, dépendance), d'un actif matériel (local, système d'information) ou immatériel (logiciel) de l'entreprise offrant une opportunité d'attaque.

Vulnérabilité critique : faille possible par laquelle les concurrents peuvent toucher LE centre de gravité de l'entreprise.

Cadre juridique du renseignement d'intelligence économique

La frontière entre information légale et illégale

Les actions de renseignement (recherche, traitement et exploitation de l'information) doivent être menées dans un cadre légal. C'est ce qui distingue l'intelligence économique de l'espionnage, qui vise quant à lui à obtenir par des moyens illégaux ce qui ne peut l'être de façon légale. La difficulté essentielle est de positionner une ligne rouge au milieu de la frontière un peu floue qui sépare ces deux notions théoriques. Le risque d'une mauvaise appréciation de la légalité de son action est d'encourir de graves sanctions judiciaires, susceptibles de porter gravement atteinte à l'image de l'entreprise.

Il est toutefois nécessaire de bien connaître les techniques d'espionnage économique afin de pouvoir identifier et se protéger contre de tels agissements.

En matière de renseignement, la typologie traditionnelle de l'information s'articule autour de trois catégories :

- l'information ouverte, majoritaire et libre d'accès ;
- l'information interdite d'accès qui fait par conséquent l'objet d'une protection légale ;
- l'information grise, qui n'est pas accessible publiquement mais n'est pas protégée par la loi.

Cette typologie ne se confond pas entièrement avec l'approche légale, notamment sous deux aspects :

- l'utilisation de l'information qui, bien qu'ouverte, peut être protégée par la loi (propriété intellectuelle, brevet) ou par des clauses contractuelles de confidentialité ;
- l'accès à l'information non protégée légalement si celui-ci emprunte des voies illégales (écoute téléphonique, intrusion informatique etc.),

En fait, l'information est libre d'accès lorsqu'elle est publique, tandis que la recherche d'une information qui n'est pas dans le domaine public engage la responsabilité de l'investigateur.

La connaissance de l'environnement juridique de l'intelligence économique est donc indispensable à tout dirigeant, qui doit savoir ce qu'il peut faire ou ce qui peut être fait à l'encontre de son entreprise en matière de renseignement. En effet, une action peut être légale, mais néanmoins immorale, et il convient de se protéger également contre des agissements de concurrents ou de sociétés spécialisées missionnées : par exemple, il est possible d'utiliser de fausses cartes de visite pour dissimuler son identité professionnelle, éviter d'éveiller la méfiance et soutirer ainsi des informations utiles. Cette action n'est pas susceptible d'une condamnation au pénal, car la loi ne considère pas l'information comme un bien susceptible de faire l'objet d'un abus de confiance. Elle peut en revanche faire l'objet d'une action civile.

Cet environnement juridique est complexe à appréhender dans la mesure où la jurisprudence évolue rapidement et de façon sensible, et où les règles diffèrent en fonction des pays impliqués. Ainsi, en droit américain, il est requis de ne pas accepter l'offre d'une information confidentielle sur un concurrent, voire même de quitter les lieux où seraient discutées de telles informations.

Dans le doute, il est ainsi prudent de s'entourer de conseils juridiques spécialisés.

Il ne suffit pas en effet de s'en remettre à des professionnels de l'intelligence économique car s'ils utilisent des pratiques illégales d'obtention de l'information ou de données, selon le nouveau code pénal, la société demandeuse peut être accusée de complicité.

De même, le personnel doit être sensibilisé au plus haut point sur les risques pénaux qu'il encourt ou fait encourir à l'entreprise si, croyant bien faire ou par négligence, il ne respecte pas les règles concernant la recherche, collecte, exploitation et diffusion de l'information, notamment sous forme électronique (Internet, intranet, base de données, supports informatiques, etc.)

Pour se prémunir de tels risques, se défendre en cas d'action en justice ou pouvoir porter plainte contre un employé interne fautif, il est ainsi vivement recommandé aux entreprises d'établir une charte déontologique des comportements exigés de la part des employés qui ont à manipuler de l'information. Cette charte pourra également préciser les droits des employés concernant l'utilisation des équipements informatiques fournis par l'entreprise, comme par exemple les règles d'utilisation de l'Internet (interdiction d'accès depuis le lieu de travail à des sites Internet ou obligation d'utilisation de la messagerie intranet de l'entreprise pour les échanges entre employés, etc.)

À ce sujet, l'intensification de la guerre économique pousse les entreprises à instaurer une culture du soupçon. Des moyens de surveillance des outils de collaborateurs sont ainsi de plus en plus mis en place pour vérifier l'application des consignes de sécurité. Ainsi, malgré les règlements de la Cnil en matière de courrier privé, la maison mère de Colgate a décidé de rapatrier aux États-Unis le traitement de la totalité de la gestion des courriers électroniques des filiales françaises.

Principales règles de droit applicables à la collecte de l'information

Ressources humaines

Le code pénal interdit formellement toutes les pratiques de corruption, soit par rétribution cachée directe ou indirecte (promesse d'embauche, pot-de-vin), soit par chantage ou menace, qui seraient notamment destinées à recueillir de l'information. À cet égard, l'usage des cadeaux doit respecter les règles de déontologie définies au sein de l'entreprise et rester dans des proportions admises. La loi sanctionne également l'employé, indélicat ou imprudent, cible de telles pratiques au travers de l'obligation de discrétion.

Sont également interdites les pratiques visant à obtenir des informations en essayant de recueillir les services de ceux qui les détiennent. Le respect des clauses de confidentialité et de non-concurrence est ainsi impératif.

L'infiltration par embauche de personnes dans des sociétés cibles est également condamnable.

Les manipulations d'identité pour obtenir de l'information en abusant de la crédulité d'un organisme cible sont de plus en plus souvent sanctionnées : fausse identité, simulation d'entretien d'embauche, interview, enquête ou sondage fictifs.

Systèmes d'information

La collecte de données nominatives doit être préalablement déclarée à la Cnil sous peine de sanction pénale. Les données ainsi recueillies se voient appliquer toutes les prescriptions de la Cnil : utilisation, droit d'accès, de rectification et d'opposition.

Les pratiques de manipulation de systèmes d'information à des fins d'intelligence économique, assimilées au piratage informatique, sont strictement interdites et sanctionnées par le nouveau code pénal : intrusion dans un système, modification de données, accès frauduleux à l'information, introduction de virus ou de programmes actifs ou dormants (cheval de Troie). Ceci s'applique quel que soit le mode utilisé pour agir : piratage de serveurs, d'ordinateurs ou de terminaux, de lignes téléphoniques, d'alimentations électriques, rayonnement, etc.

De même, sur Internet, il est interdit d'utiliser un site web de façon autre que celle prévue par son concepteur, par exemple en essayant de contourner le système tarifaire, ou en accédant aux zones cachées ou confidentielles sans y être autorisé. L'usurpation d'identité informatique ou d'adresse e-mail est également à proscrire.

Moyens de communication

Le code pénal protège les personnes de l'interception de leurs communications, qu'elles soient téléphoniques ou écrites (correspondance). En l'absence d'autorisation dûment accordée par les autorités légales, il est ainsi interdit d'installer, d'utiliser, parfois même de détenir ou d'importer, des matériels d'écoute, par branchement direct ou à distance. Il est également interdit d'intercepter, d'utiliser et de divulguer des informations obtenues par voie de télécommunication au sens large (téléphone, fax, e-mail, échange de données).

Observation

Il est possible d'observer les allées et venues et d'opérer des filatures de personnes et de véhicules sur les lieux publics, dans le respect de la vie privée.

Les photographies extérieures d'un site sont légales, ainsi que l'utilisation de documentation.

En revanche, il est interdit d'installer des appareils d'enregistrement d'images (fixes ou continues) dans des enceintes privées.

Actions diverses

Sont bien entendu illicites toutes les actions généralement interdites par le code pénal : intrusion par effraction, vols, destructions, escroquerie, abus de confiance, vol d'information avec intention de nuire (reproductions sans autorisation, copies de fichiers, etc.)

La jurisprudence est moins claire concernant les intrusions à l'intérieur des entreprises, à l'occasion de visites ou de rendez-vous par exemple, qui ne sont pas automatiquement assimilées à une violation de l'accès.

La fouille de poubelles déposées sur la voie publique n'est en revanche pas illicite.

Utilisation de l'information

La divulgation d'une information, y compris celle obtenue légalement, engage la responsabilité de celui qui la diffuse. Il est en effet tenu à une obligation de moyens pour en vérifier la véracité et si celle-ci est mise en défaut, la victime potentielle de cette diffusion peut agir en justice, même s'il n'y a pas eu volonté de nuire.

Il en est ainsi, par exemple, de fausses rumeurs ou de désinformations intentionnelles. Les codes civil et du commerce condamnent explicitement, par exemple, les informations mensongères destinées à faire varier les cours des marchés financiers.

La diffusion d'informations doit également respecter les lois sur la concurrence, françaises et européennes.

Enfin, est condamnable la diffusion d'informations obtenues par des moyens illégaux et d'informations portant atteinte à la vie privée, sous quelque forme que ce soit, y compris pour les bases de données informatiques.

En revanche, les informations devant être communiquées légalement aux actionnaires sont du domaine public.

Les idées ne sont pas protégées tant qu'elles n'ont pas fait l'objet d'un début de réalisation concrète.

Dans le cadre de la diffusion d'un panorama de presse (articles de presse protégés, compilés sur un sujet donné), l'entreprise en veille est tenue de s'acquitter, auprès du centre français d'exploitation du droit de copie (CFC) ou des autres organismes de gestion de droits d'auteur, d'un droit de copie. Le site *www.copies.com* permet de simuler le montant de la redevance ; c'est en moyenne 0,138 €HT à multiplier par le nombre d'articles et le nombre de lecteurs destinataires ayant accès au document.

Ces quelques règles et exemples illustrent de façon synthétique les droits et vulnérabilités des entreprises en matière d'intelligence économique. Confrontée au monde de l'information, toute société se doit aujourd'hui d'être sensibilisée à ces pratiques pour connaître sa liberté d'action, se protéger d'actions malveillantes et éviter de devenir légalement complice malgré elle d'actions d'employés indélicats ou imprudents. Bien entendu, ces règles varient selon les continents et les pays et ne sont pas appliquées dans de nombreuses zones. Les risques d'une action d'intelligence économique à l'étranger doivent ainsi être bien connus. De même, une entreprise doit se protéger dans certains pays au cadre juridique peu évolué, pour éviter d'être la victime d'agissements visant à lui nuire.

Quelques logiciels de veille sur Internet

À ce jour, les solutions de veille se situent entre la recherche d'informations et le knowledge management (gestion des connaissances). Le besoin évolue vers la maîtrise des informations stratégiques, au sens large, nécessitant une solution puissante sur le spectre des informations concernant l'entreprise et précise pour répondre aux enjeux spécifiques des décideurs.

Les solutions les plus abouties offrent également la gestion des ontologies qui permet de modéliser les données en amont selon des conventions propres aux enjeux, facilitant l'exploitation en aval des documents validés dans le plan de classement.

Les principaux acteurs sont Ami, Autonomy, Digimind, Iscope, Ixxo Squido, Kb Crawl, Knowings, Lexis Nexis, Mediaspotter, Sinequa, Temis.

Le coût direct s'évalue entre 40 K€ et 200 K€ pour une solution «achat de licence» et de 500 à 1 000 € par mois pour une solution en mode SaaS.

Les critères d'évaluation des logiciels de veille sont les suivants :
- capacité à atteindre et «tamiser» le web profond. Seuls 15 à 20 % des sites sont référencés par Google ; or les signaux faibles sont par nature épars, non référencés, peu visibles ;
- la qualité à traiter l'information via une analyse sémantique puissante et paramétrable pour indexer les documents multi langues collectés ;
- la qualité à analyser ces informations validées par le veilleur pour en dégager la volumétrie, les tendances émergentes ou révélées ;
- les options possibles, telles que l'enrichissement par des documents externes, la création d'une newsletter, la diffusion automatique d'alerte ;
- le partage de l'information, de leur analyse et des tableaux de bord personnalisables, en mode web nécessitant juste une connexion Internet via un ordinateur, un PDA.

En fonction de la politique d'achat de l'entreprise, des ressources financières et humaines à allouer, de la haute confidentialité et du volume d'informations à traiter, deux solutions sont à départager :

- l'achat et l'implémentation d'un logiciel ainsi que l'embauche d'un spécialiste en intelligence économique (en général diplômé d'un master en intelligence économique) ; cela s'inscrit en mode projet en accord avec la DSI et le budget annuel ;

> Une alternative à l'achat pour certains éditeurs : le mode ASP (application service provider) fournisseur de service d'application en français, prédécesseur du mode SaaS, permet de ne payer que l'usage plutôt que la propriété du logiciel via un navigateur web.

- le service en mode SaaS (Software as a Service) : la démarche est ici externalisée, de l'analyse des besoins à la fourniture clé en main d'un service web sécurisé, intégrant tout le cycle de la veille, sous forme d'abonnement annuel.

Notre expérience nous pousse à nous orienter vers des solutions en mode SaaS, faciles à mettre en œuvre, demandant peu de ressources internes, évolutives et fournissant chaque jour une note de synthèse d'une ou deux pages de documents pertinents.

À ce titre, nous avons eu un coup de cœur pour la solution de la société Vigiworld (www.vigiworld.com) pour deux raisons :

- une réelle expertise de la veille avec un regard d'analyse stratégique pour déterminer les axes de veille les plus pertinents au regard des enjeux identifiés ou à identifier ;

- un service «clés en main» sécurisé, via le web sous forme d'abonnement mensuel (à partir de 495 € HT, hors frais de mise en service) avec toutes les fonctionnalités techniques requises grâce aux meilleures technologies disponibles sur le marché.

Bibliographie choisie

Nous avons choisi de vous livrer une courte fiche de lecture de nos livres de chevet traitant de la stratégie, de l'influence et de la conduite de projet.

W. CHAN KIM, Renée MAUBORGNE, *Stratégie Océan Bleu : comment créer de nouveaux espaces stratégiques,* **Pearson Education, 2008.**

Les auteurs partent d'un postulat : si on se limite aux marchés existants, on ne pourra pas être très rentable car toute la concurrence y est concentrée. Pour sortir de cet environnement limité, il faut être inventif et se créer de nouveaux espaces, caractérisés par des besoins ou facteurs clés de succès pas forcément identifiés tels quels dans leur forme.

Ces nouveaux marchés ou territoires que les auteurs appellent «l'Océan Bleu», par opposition à l'Océan Rouge, marché où la concurrence est sanglante, plusieurs entreprises ont su les trouver. Ce sont des cas réels de réussite qui sont cités et décortiqués pour aboutir à un processus concret transposable à d'autres activités que celles analysées et déjà variées comme les loisirs, l'informatique, le vin, le transport aérien...

Nous apprécions cet autre regard au-delà du visible, de l'évident, du déjà existant, regard qui permet de dégager des innovations, des avantages concurrentiels insoupçonnés à la première analyse, et qui remet en question les habitudes, telles la segmentation des marchés. Les exemples de réussite démontrent que cette stratégie est applicable dans les secteurs les plus divers et que l'innovation est toujours gagnante.

Auguste DETŒUF, *Propos de O. L. Barenton, confiseur,* **Éditions d'Organisation, 2001.**

Cet ouvrage, écrit dans les années 1930 par un industriel fin observateur de la nature humaine et du monde des affaires, s'inscrit dans la lignée de Montaigne et La Bruyère. Il n'a pas pris une ride et est criant d'actualité.

Nous apprécions la vérité poursuivie pour elle-même au travers de maximes enchanteresses et incisives, pétries d'expérience, de bon sens et d'ironie.

Nous ne résistons pas au plaisir de vous en livrer deux : « Le comptable se figure qu'il dirige la maison parce qu'il fait les comptes. Il est probable que le phare qui éclaire la route se figure qu'il conduit l'automobile. » « L'idée est peu, la volonté est tout. Des idées ? On en trouve tant qu'on veut, plus qu'on en veut. »

Une friandise de l'esprit à lire et à relire. Un vrai bonheur !

Vladimir VOLKOFF, *Le Montage*, Julliard/L'Âge d'Homme, 1982.

Ce roman d'espionnage, dont toute la trame est fondée sur la duperie, met en scène le KGB et les milieux littéraires français.

Au-delà de l'histoire, on peut se demander jusqu'à quel point il n'y a pas une part de réalité… Vous découvrirez la sublimation de stratégies de désinformation, d'influence ; en particulier la technique du levier ou comment exercer son influence par une chaîne d'intermédiaires qui servent de points d'appui successifs, la technique du triangle en utilisant un repoussoir pour toucher son adversaire sans l'attaquer directement, et celle du fil de fer basée sur la contre-vérité, le mélange du vrai et du faux, la modification du contexte.

Raphaël COHEN, *Concevoir et lancer un projet*, Éditions d'Organisation, 2007.

Si, comme nous, vous êtes convaincu que la seule voie de survie des entreprises est l'innovation et êtes un farouche opposant au syndrome NIH (*no invented here*), l'approche de Raphaël Cohen vous interpellera.

L'auteur, sans révolutionner la planification stratégique, propose un modèle *bottom up* qui a l'avantage de fournir un référentiel commun favorisant, voire institutionnalisant, l'entreprenariat dans l'entreprise, le management par les opportunités et donc la création d'avantages concurrentiels.

Pour bon nombre de grandes entreprises, il risque de remettre en question les pratiques managériales. Pour les start-up, il amène, avant de se lancer, à se poser les bonnes questions sans oublier les parties prenantes et en particulier les apporteurs en capitaux.

Nous recommandons de commencer la lecture de l'ouvrage par le chapitre 18 qui précise les conditions nécessaires et quelques fondamentaux pour mettre son organisation en posture d'innovation permanente. L'illustration du modèle prend comme fil conducteur le lancement de Nespresso par le groupe Nestlé. L'approche s'interface bien avec la méthode MADIE® et une observation fine de l'environnement.

Philippe LUKACS, *Stratégie pour un futur souhaitable – Quatre créations exemplaires pour un management innovant*, Dunod, 2008.

Cet ouvrage part du postulat que les rapports entre les hommes, les entreprises et le monde déterminent notre gestion. Cette nouvelle approche répond à une attente des entreprises qui prennent des initiatives afin de respecter davantage les hommes et l'environnement.

Construire un futur souhaitable est plus ambitieux, plus dynamisant et plus global que de se limiter à un développement durable, car c'est prendre en compte l'amélioration des conditions de vie des différentes nations. Le concept est plus large et permet d'obtenir plus de cohérence sans se baser uniquement sur la durée.

Cela devrait inviter nombre d'entreprises, quelle que soit leur activité, à réfléchir à la façon dont elles pourraient contribuer, par leur métier, à un futur souhaitable. C'est une vision large de la problématique du futur qui est mondiale et permet de contribuer au développement des personnes, d'accroître leur niveau de connaissance, de compétence, de savoir, de culture, d'augmenter leur capacité d'autonomie, de prise de responsabilité, d'initiative, de respecter la dignité et les droits de l'homme. Un beau programme...

Miyamoto MUSASHI, *Traité des Cinq Roues*, Albin Michel, 1983.

Quand on arrive au stade de l'action, il s'agit de remporter une victoire, de vaincre. Sur ce sujet les grands classiques militaires ont toujours des choses intéressantes à enseigner. Dans le contexte de la méthode MADIE®, on peut trouver de l'inspiration dans le *Traité des Cinq Roues* de Miyamoto Musashi, le philosophe des samouraïs. Dans les chapitres «Terre» et «Vide», il expose une tactique pour remporter la victoire dans le respect d'un code de conduite («Les samouraïs doivent... ne jamais se relâcher à aucun moment... fourbir ces deux vertus : sagesse et volonté, aiguiser les deux fonctions de leurs yeux : voir et regarder, et ainsi n'avoir aucune ombre.»).

Jean-Claude CORBEL, *Management de projet*, 2e édition, Eyrolles, 2006.

Nous apprécions cet ouvrage et plus particulièrement les chapitres 1 («Qu'est-ce qu'un projet») et 9 («Les méthodes et outils de convergence»). Avec quelques aménagements, il peut fournir un bon guide pour le pilotage du projet par l'espace cryptique. La grille de choix d'outils permet d'aller vite à essentiel sans s'attarder sur ceux sans grande utilité dans le cadre du déploiement de la méthode MADIE® comme, par exemple, l'analyse fonctionnelle.

Vous y trouverez de nombreux outils opérationnels et une approche pragmatique. On regrette néanmoins les exemples très techniques inspirés de l'industrie automobile et l'accent mis sur de très grands projets.

Table des illustrations